A (I)LEGITIMIDADE DAS POLÍTICAS PÚBLICAS
(a República entre a igualdade e a especificidade)

A (I)LEGITIMIDADE DAS POLÍTICAS PÚBLICAS
(a República entre a igualdade e a especificidade)

Rui Martinho Rodrigues
Carlos Roberto Martins Rodrigues
Maria Josefina da Silva
Cândido Bittencourt de Albuquerque

A (I)LEGITIMIDADE DAS POLÍTICAS PÚBLICAS
(a República entre a igualdade e a especificidade)
© RUI MARTINHO RODRIGUES
CARLOS ROBERTO MARTINS RODRIGUES
MARIA JOSEFINA DA SILVA
CÂNDIDO BITTENCOURT DE ALBUQUERQUE

ISBN 978-85-392-0301-7

Direitos reservados desta edição por
MALHEIROS EDITORES LTDA.
Rua Paes de Araújo, 29, conjunto 171
CEP 04531-940 – São Paulo – SP
Tel.: (11) 3078-7205 – Fax: (11) 3168-5495
URL: www.malheiroseditores.com.br
e-mail: malheiroseditores@terra.com.br

Composição
PC Editorial Ltda.

Capa
Criação: Vânia Lúcia Amato
Arte: PC Editorial Ltda.

Impresso no Brasil
Printed in Brazil
06.2015

SUMÁRIO

Prefácio – Aluisio Gurgel do Amaral Jr. 9

Capítulo 1 – *A REPÚBLICA ENTRE A IGUALDADE E A ESPECIFICIDADE*

Rui Martinho Rodrigues
Cândido Bittencourt de Albuquerque

1.1 Introdução 15
1.2 A tradição republicana e a normatividade universal 17
   1.2.1 Novos desafios à tradição republicana 19
      1.2.1.1 Impessoalidade e normatividade universal 21
      1.2.1.2 Igualdade formal e material, justiça e paz social . 23
   1.2.2 O Estado social e a era dos direitos 33
      1.2.2.1 A era dos direitos 35
         1.2.2.1.1 A judicialização da política 36
         1.2.2.1.2 A separação dos poderes e a competência legítima 36
         1.2.2.1.3 Campo da licitude: a liberdade negocial 37
         1.2.2.1.4 Legitimidade derivada do saber 38
1.3 Algumas conclusões 42
1.4 Referências 44

Capítulo 2 – *FUNDAMENTOS E FALÁCIAS NAS AÇÕES AFIRMATIVAS (as quotas para matrícula no ensino superior)*

Rui Martinho Rodrigues
Cândido Bittencourt de Albuquerque

2.1 Introdução 47
2.2 Caminhos de uma política pública legítima 48

2.2.1 Os objetivos da política pública 49
    2.2.1.1 Critério da ampliação da oferta de serviço 49
    2.2.1.2 O aprimoramento qualitativo do serviço público 50
    2.2.1.3 Os destinatários da política pública 51
        2.2.1.3.1 Desigualdades na escola pública 52
        2.2.1.3.2 O argumento da proteção do hipossuficiente 53
    2.2.1.4 A natureza dos benefícios ofertados pelas quotas 57
        2.2.1.4.1 A condição de mínimo existencial ou essencialidade do bem 58
        2.2.1.4.2 A superação das desigualdades sociais e regionais 61
2.2.2 A legitimidade das políticas públicas 63
    2.2.2.1 O critério da razoabilidade e da equidade 63
    2.2.2.2 O critério da legitimidade jurídica 64
    2.2.2.3 O significado político-social da política pública . 65
    2.2.2.4 O critério da eticidade 68
2.2.3 Outros critérios de eleição de políticas públicas 68
    2.2.3.1 Diversificação da "elite branca" 69
    2.2.3.2 A demarcação das "raças" 70
    2.2.3.3 O reforço à autoestima dos excluídos 71
    2.2.3.4 Uma política social elitista 75
2.2.4 O argumento da reparação histórica 76
2.2.5 O argumento da suspeita 77
2.3 Algumas conclusões 77
2.4 Referências 79

Capítulo 3 – **JUSTIÇA E SEGURANÇA JURÍDICA NO DEVIDO PROCESSO LEGAL**

Carlos Roberto Martins Rodrigues
Rui Martinho Rodrigues

3.1 Introdução 80
3.2 O clamor por reformas 86
3.3 O neoconstitucionalismo 93
    3.3.1 Judicatura, Justiça, paz social e segurança jurídica 96
    3.3.2 Democracia como o governo das leis, não dos homens . 98
    3.3.3 Espécies normativas, justiça e segurança jurídica 99
    3.3.4 Paz, segurança jurídica e garantias fundamentais 104
    3.3.5 Tutela jurisdicional previsível e clareza das normas 107
3.4 Algumas conclusões 108
3.5 Referências 110

SUMÁRIO

Capítulo 4 – **CONSTITUCIONALIDADE E RAZOABILIDADE DAS POLÍTICAS PÚBLICAS**
(políticas públicas de saúde e drogadição: redução de risco e dano)

MARIA JOSEFINA DA SILVA
RUI MARTINHO RODRIGUES

4.1 Introdução 113
4.2 Elementos da análise
    4.2.1 O objeto 115
    4.2.2 A abordagem 115
        4.2.2.1 Eticidade 116
        4.2.2.2 O direito constitucional positivo e a hermenêutica constitucional 118
            4.2.2.2.1 A proteção a grupos específicos e o interesse geral 121
            4.2.2.2.2 Igualdade formal, desigualdade material e reserva do possível 122
        4.2.2.3 A legitimidade política 124
        4.2.2.4 Critérios epidemiológicos 125
    4.2.3 Escolhendo entre políticas públicas 126
        4.2.3.1 A eleição dos que serão protegidos 127
        4.2.3.2 A opção pelo tipo de ação 129
        4.2.3.3 A consideração do mínimo existencial 130
        4.2.3.4 A reserva do possível 131
        4.2.3.5 Os fundamentos dos direitos sociais 132
        4.2.3.6 As peculiaridades do Brasil e a legitimidade das escolhas 135
        4.2.3.7 Cidadania, direito, ética e política de saúde 141
4.3 Algumas conclusões 145
4.4 Referências 147

Posfácio – DJALMA PINTO 149

PREFÁCIO

O desenvolvimento de um estudo evolutivo das políticas públicas no Brasil pode seguir, sem qualquer dificuldade teórica, um roteiro de aproximação como aquele definido por Stewart, Hedge e Lester – seu alicerce pode repousar (i) na contextualização dos estudos das políticas públicas, (ii) na análise dos processos políticos, e (iii) na análise das escolhas das políticas públicas. Cada um destes aspectos, tomados isoladamente, enfeixa conteúdo metodológico próprio e se destina a contribuir para a elaboração da totalidade do construto. Ao se considerar o contexto das políticas públicas, por exemplo, é necessário compreender (a) a natureza das políticas públicas, (b) a evolução das políticas públicas e o contexto político em um dado país (no caso, o Brasil), (c) a abordagem das análises políticas, e (d) os modelos e estudos de políticas públicas. No âmbito da análise dos processos políticos parece ser necessária a configuração de uma agenda política propriamente dita, a formulação de uma política em si, a implementação dessa política, a avaliação dessa política, a eventual modificação e a conclusão (ou o término) dessa política implementada. Já no âmbito da análise das escolhas das políticas públicas, os três fundamentos são a educação política, o bem-estar político e o desenvolvimento político.

Os professores Cândido Bittencourt de Albuquerque, Carlos Roberto Martins Rodrigues, Maria Josefina da Silva e Rui Martinho Rodrigues brindam a comunidade acadêmica e o meio intelectual com este *A (i) legitimidade das políticas públicas (a República entre a igualdade e a especificidade)* em quatro textos que se bastam como unidades, mas que atuam em notável sinergia, modelando um construto teórico de rara sensibilidade. É possível identificar a linha mestra que funciona como fio condutor dos trabalhos desde o título: a crítica. A ambiguidade aflora quase poética com a prefixação da partícula negativa entre *parêntesis* que se junge ao termo *legitimidade*, gerando *(i)legitimidade* e, por conseguinte, a tensão que doa o duplo sentido à expressão *políticas públicas* – revelando bem o aspecto crítico do título. O título já seria bastante para remeter-se a si, em *sin*-referencialidade. Mas os autores fazem mais, acrescem um subtítulo de impressionante poder de síntese: *a República entre a igualdade e a especificidade*. Com efeito, o contraste entre *igualdade* e *especificidade* reflete a problemática da atualidade social brasileira. Trata-se de saber em quais circunstâncias e até onde merecemos ser tratados como iguais, bem assim em quais circunstâncias e até onde merecemos ser tratados como diferentes, como individualidades. Um tema em si complexo, de difícil aproximação, acima de tudo revelador da incumbência a que se destinaram os autores.

Uma das formas de se imaginar esse contraste entre *igualdade* e *especificidade* é a partir da intersecção de três círculos (a tensão é situável exatamente na área de intersecção desses círculos). Cada um deles tem um nome: o primeiro círculo denomina-se *abuso*, o segundo círculo é denominado de *preconceito* e o terceiro círculo tem a denominação de *intolerância*. Viver a atualidade da intersecção entre o abuso, o preconceito e a intolerância é tormentoso. Neste sentido, a tarefa do homem comum consiste, basicamente, em adotar uma postura imparcial, equilibrada – paciente, até – de modo a aguardar que a poeira assente e que se possa vislumbrar além – o curso do tempo, no mais das vezes, é o fundamento que possibilita a compreensão da realidade (até então insondável) que se desenhou. Mas o intelectual adota outra postura: ele toma distanciamento crítico, contextualiza o problema, analisa o processo político no qual o problema se insere e oferece as opções possíveis no âmbito do universo de estudo, buscando assim submeter a ação do Poder Público ao *controle (normativo) social* estabelecido pelos objetivos fundamentais da República.

Sem embargo da ambiguidade e do contraste acima apontados como sumos de excelência a demonstrar a importância crítica do trabalho, a tarefa metodológica do primeiro capítulo contextualiza o tema central a partir de um escorço teórico acerca da tradição republicana e da normatividade universal, e de sua escalada evolutiva rumo ao Estado Social e a era dos Direitos – o tema central é sempre o homem em sua marcha por um viver mais bem organizado (normativamente?) em sociedade, e desde logo se lança ingente o desafio no sentido de "se definir quem é hipossuficiente, que discriminações positivas devem ser oferecidas, quais as necessidades especiais que devem ser patrocinadas, que nexo deve haver entre a espécie de desvantagem do hipossuficiente e a espécie de benefício contido nas políticas compensatórias consubstanciadas nas discriminações positivas".

Segue-se um mergulho epistemológico no âmbito da política de quotas raciais e sociais na matrícula das instituições federais de ensino superior – este é um trabalho que já mereceu publicação na *Revista Latino-Americana de Estudos Constitucionais*, n. 11, ano 09, de novembro de 2010 – em que se revela o aspecto crítico daquela política pública específica, fundamentado em bases analítico-argumentativas que determinam a infirmação da tese a favor das quotas, além de evidenciar a sua base de sustentação polêmica. No trabalho que constitui este capítulo, a metodologia analisa os caminhos de uma política pública legítima a partir dos objetivos, do critério de ampliação da oferta de serviço, do aprimoramento qualitativo do serviço público, dos destinatários e da natureza dos benefícios da política pública. Traça, ainda, um desenho analítico da legitimidade das políticas públicas (razoabilidade e equidade, legitimidade jurídica, significado político-social e eticidade), aborda a aproximação da eleição da política pública específica e contrasta os argumentos em debate (o argumento da reparação histórica e o argumento da suspeita), para apontar os fundamentos e a falácia da ação afirmativa específica das quotas.

O terceiro capítulo elege a teoria jurídica como seu elemento nuclear – aqui a segurança jurídica encontra um dilema que se consubstancia na sua eventual rota de colisão com a justiça enquanto valor. Por esta via dialética se prossegue achegando-se ao fortalecimento do neoconstitucionalismo pelo qual os valores se positivam nas normas de natureza principiológicas. Mas tal garantirá decisões mais justas? Poderá a nova orientação constitucional restringir a segurança jurídica? E uma mudança deste jaez trará paz social, caso a segurança jurídica seja abalada? Estas inquietações – que constituem cortes teóricos da realidade tangível – são debatidas e enfrentadas desassombradamente, reajustando o foco do problema da superação do juspositivismo para demonstrar como a segurança jurídica é prudência preferível a um conceito indeterminado de justiça que se caracterizaria pela adoção de valores vinculados apenas à sabedoria e à virtude dos magistrados.

Sob este aspecto, a rota de aproximação dos dois grandes sistemas jurídicos da Civilização Ocidental (o sistema romano germânico e o sistema anglo-saxão) forçosamente determina o nascimento de uma nova dimensão sistemática que certamente significa a superação do contraste entre a primazia da norma (*civil law*) e a primazia do precedente (*common law*). Estas grandezas estão dialogando justo agora, na atualidade, e este diálogo repercute no plano da ordem jurídica, citando-se como exemplo a Lei 10.406 de 10 de janeiro de 2002 – o Código Civil brasileiro, no que diz respeito às novas bases conceituais da personalidade, da teoria contratualista, da empresa e da família.

No quarto capítulo, a constitucionalidade e a razoabilidade das políticas públicas constituem os fundamentos do bem-estar social. Os autores consideram a inserção do bem-estar social como categoria valorativa logo abaixo da vida e ao lado da liberdade, e é a partir desta estrutura triádica que se evidencia a análise da práxis axiológica, por assim dizer, em tema de saúde e drogadição, sob a perspectiva da redução de risco e dano. Com o exame documental da política que pretende levar a efeito o Ministério da Saúde, demonstram que "a simples menção à redução do dano revela o caráter de prevenção secundária, como tal aquela destinada apenas a limitar os agravos já em curso".

Eis a razão pela qual o percurso teórico adota como fundamento a expressão "redução de *risco e dano*, com base no entendimento de que, além dos agravos já em curso, constituídos pelo uso de drogas, o objetivo da política pública em saúde ministerial deve abranger ainda os agravos potenciais que poderão somar-se aos já consumados, caracterizando também uma forma de *prevenção primária*". Evidencia-se irrecusável a oposição (muitas vezes conflituosa) entre os atores em jogo: de um lado o vulnerável (o usuário de drogas) e de outro parcelas da população atingidas involuntariamente, também merecedoras da reconhecida proteção. Apesar da escolha política resultar de decisão do corpo técnico do Ministério da Saúde, os autores irrogam que a distribuição de meios para o uso de drogas ilícitas injetáveis não atendeu às razões técnicas – e citam como exemplo destas razões técnicas a necessidade de observância dos "índices de morbidade comparada entre agravos, eficácia e efetividade comparadas entre meios de redução de riscos e danos distintos, amplitude igualmente comparada entre populações beneficiadas pelas diferentes opções em matéria de ações de saúde".

Ao fim e ao cabo da leitura, a ambiguidade que se firmou ao início e que dá ensejo ao título, realmente se reenvia em processo autorreferencial, como crítica capaz de descortinar a necessidade de afirmação da igualdade e da especificidade ao mesmo tempo, através da substituição de ações afirmativas falaciosas por ações concretas que satisfaçam a ideologia e o plano constitucional preparado pelo poder constituinte, de modo a garantir a segurança jurídica no devido processo legal, e a proporcionar não a melhor escolha das políticas públicas, mas a escolha excelente (mandado de otimização), em ordem à constitucionalidade e razoabilidade que se consubstanciam no princípio da eficiência.

Para finalizar, destaque-se a importância que este *A (i)legitimidade das políticas públicas (a República entre a igualdade e a especificidade)* adquire nesta quadra em que os historiadores, os pensadores políticos, os juristas e os cidadãos conscientes de suas responsabilidades públicas mais e mais devem perseguir os trilhos da *liberdade*, da *segurança jurídica* e da *participação política*, examinando "as transformações pelas quais cada uma destas categorias passou, no sentido de reconhecer e compreender os desafios postos às sociedades democráticas, esforçando-se por decifrar--lhes o significado e o alcance", forte no propósito da construção da sociedade livre, justa e solidária. Melhor agenda epistemológica em matéria de políticas públicas no âmbito da sociedade brasileira, é forçoso convir, será de difícil atingimento e esta é a razão pela qual não nos parece exagero algum classificar como perfeito o percurso trilhado pelos autores.

ALUISIO GURGEL DO AMARAL JR.

Capítulo 1
A REPÚBLICA ENTRE A IGUALDADE E A ESPECIFICIDADE

Rui Martinho Rodrigues[1]
Cândido Bittencourt de Albuquerque[2]

1.1 Introdução. 1.2 A tradição republicana e a normatividade universal: 1.2.1 Novos desafios à tradição republicana: 1.2.1.1 Impessoalidade e normatividade universal – 1.2.1.2 Igualdade formal e material, justiça e paz social; 1.2.2 O Estado social e a era dos direitos: 1.2.2.1 A era dos direitos: 1.2.2.1.1 A judicialização da política – 1.2.2.1.2 A separação dos poderes e a competência legítima – 1.2.2.1.3 Campo da licitude: a liberdade negocial – 1.2.2.1.4 Legitimidade derivada do saber. 1.3 Algumas conclusões. 1.4 Referências.

> *No mundo – respondeu o rei – a injustiça e a tirania começaram por uma coisa infinitamente pequena.*
>
> Saadi

1.1 Introdução

Historicamente a ideia de democracia nos remete, desde as suas origens, à expressão de alguns valores e práticas, entre os quais se destacam a igualdade, a liberdade, a segurança jurídica e a participação ou

1. Professor do Departamento de Fundamentos da Educação, da Faculdade de Educação da Universidade Federal do Ceará (UFC), doutor em História, mestre em Sociologia, bacharel em Administração e advogado.
2. Professor do Departamento de Direito Público da Faculdade de Direito da UFC, especialista em Direito Processual Civil, mestre em Direito Constitucional (Ordem Jurídica Constitucional), livre-docente e advogado.

representação política. O republicanismo sublinha a igualdade. A participação e a outorga de mandatos enfrentam, por força da complexificação crescente dos problemas políticos, sociais e econômicos, dificuldades que se tornam a cada dia mais desafiadoras. Assim o é porque o homem médio – e até o especialista – perdeu o discernimento dos intrincados problemas que o afligem.

A segurança jurídica, sem a qual o Estado de Direito e a democracia não podem existir, vê-se fragilizada pela migração do que se entende por justo. Abalaram-se a universalidade e a impessoalidade, próprias da normatividade genérica, para a solução dos casos concretos. Prevaleceu o argumento favorável à superação de um direito abstrato, alegadamente em benefício do justo na concretude dos litígios e demandas singulares.

A liberdade precisa sobreviver em meio ao desafio da regulamentação e da judicialização crescentes das relações sociais e à judicialização da política.[3] Ao lado disso crescem os direitos sociais. Estes, pela própria circunstância de constituírem obrigação de fazer, exigem prestações positivas por parte de alguém, fato que representa uma manifestação de poder, antípoda da liberdade, conforme a lição explícita do jusfilósofo italiano Norberto Bobbio:

> Todas as declarações recentes dos direitos do homem compreendem, além dos direitos individuais tradicionais, que consistem em liberdades *[direito contra-poder]*, também os chamados direitos sociais, que consistem em *poderes [grifo do autor transcrito]*. Os primeiros exigem da parte dos outros (incluídos aqui os órgãos públicos) obrigações puramente negativas, que implicam abstenção de determinados comportamentos; os segundos só podem ser realizados se forem impostos a outros (incluídos aqui órgãos públicos) *[parênteses do autor citado]* um certo número de obrigações positivas. São antinômicos no sentido de que o desenvolvimento deles não pode proceder paralelamente: a realização integral de uns impede a realização integral de outros. Quanto mais aumentam os poderes dos indivíduos, tanto mais diminuem as liberdades dos mesmos indivíduos.[4]

As modificações ocorridas na fórmula político-jurídica republicana caminham lado a lado com as transformações do que se entende por li-

---

3. Expressão usada para designar a tendência para a relativização da separação das funções legiferante e judicante, aproximando o exercício da judicatura da função legislativa, sob a alegação de que a legislação é abstrata, devendo o juiz legislar no caso concreto, indo além da mera interpretação, conforme se alega, por exigência da concreção da norma.

4. Norberto Bobbio, *A Era dos Direitos*, Rio de Janeiro, Campus, 1992, p. 21.

berdade, igualdade e direitos fundamentais. O esforço de compreensão do fenômeno político convida o historiador, assim como o pensador político, o jurista, o filósofo e todos os cidadãos a uma reflexão sobre os referidos conceitos, buscando refazer a trajetória histórica das concepções aludidas. Este é o desafio imposto pela metamorfose dos conceitos e valores fundamentais das tradições republicanas e os seus desdobramentos sobre a igualdade, a segurança jurídica e as concepções políticas e sociais.

Os gregos encontram-se, desde o início, nesta caminhada. A Filosofia ensejou a busca da solução dos conflitos e divergências pela razão. A força, a tradição e outros fatores deram lugar à discussão e ao julgamento pelos sujeitos considerados dotados de razão, no palco das decisões políticas, conforme palavras textuais de Oliver Nay:

> Com a Filosofia, os gregos inventam a "razão". Forjando a ideia de que a faculdade de julgar do homem escapa à potência da religião e dos mitos. (...) o pensamento helênico se despe lentamente da mitologia e se abre ao conhecimento racional do universo. Ela substitui as crenças tradicionais, (...). Agora a Filosofia se pergunta sobre a organização social da sociedade. Para isso recorre a categorias inéditas, mais abstratas, que permitem captar a totalidade dos laços comunitários. (...) a igualdade, a cidadania, a liberdade, o direito, a lei, a participação, o equilíbrio dos poderes, os tipos de regime (...).[5]

Cumpre ao historiador, como ao pensador político, ao jurista e ao cidadão consciente de suas responsabilidades públicas, seguir a trilha deixada pelas categorias aqui elencadas, examinando as transformações pelas quais passaram, para tentar reconhecer e compreender os desafios postos às sociedades democráticas, esforçando-se por decifrar-lhes o significado e o alcance.

1.2 A tradição republicana e a normatividade universal

A organização social e política, na Grécia Antiga, passou por inúmeras transformações. A importância dada à argumentação e ao debate, quando das decisões pertinentes aos assuntos públicos, se fez acompanhar pela (i) publicização das decisões e (ii) dos seus fundamentos. Dentre as numerosas mudanças que acompanham as transformações do processo político grego, além do princípio da publicidade dos atos de quem detém o *múnus publicum*, uma contribuição dos helenos merece destaque:

---

5. Oliver Nay, *História das Ideias Políticas*, Petrópolis, Vozes, 2007, p. 15.

A principal mudança que precede o aparecimento da democracia na Grécia é a invenção da cidadania. Esta é, em primeiro lugar, uma ideia. Consiste em considerar que os homens não são mais súditos (...) que devem dobrar-se às exigências de ordem política superior (...). Ela vê os homens (...) como iguais no plano político e que, deste modo, são titulares de direitos e de deveres idênticos em relação à comunidade. (...) semelhantes uns aos outros (...). O que define os cidadãos não são mais as suas qualidades pessoais, (...) o que faz o cidadão é a sua pertença a uma comunidade cívica.[6]

Nascia, deste modo, a ideia de igualdade como fundamento da ordem política. Instava-se a polaridade entre a igualdade formal e material.

A aristocracia defendia como fundamento da ordem política e social, não a igualdade, mas a justiça, entendida como proporcionalidade, na forma de normas boas, justas, designadas *eunomia*.[7] A resistência oferecida pelos republicanos aos aristocratas pretendia que a igualdade material prevalecesse, na forma de *isonomia*. Eis uma tensão de longa duração histórica. Na temporalidade da democracia, na curta como na longa duração dos fenômenos políticos, a referida tensão expressa um antagonismo potencial entre a igualdade material isonômica das origens republicanas e a proporcionalidade justa da igualdade formal dos aristocratas de outrora.

A busca do justo em face do esforço de preservação da paz social é outra colisão entre valores ínsitos nas tradições democráticas.

A busca de justiça entendida como igualdade material, no ambiente das sociedades democráticas, ensejou uma crescente demanda por direitos do tipo que vincula o obrigado a prestações positivas. Firma-se, por esta senda, a inversão típica do Estado moderno, que passou da ênfase nos deveres do súdito para a primazia dos direitos do cidadão. Assim, o moderno Estado democrático...

> (...) pressupõe um direito ainda mais substancial e originário, o direito do indivíduo a não ser oprimido, ou seja, a gozar de algumas liberdades fundamentais: fundamentais porque naturais, e naturais porque cabem ao homem enquanto tal e não dependem do beneplácito do soberano (entre os quais, em primeiro lugar, a liberdade religiosa) *[estas são prestações negativas, obrigação de não fazer].* Essa inversão é estreitamente ligada à afirmação do que chamei de modelo jusnaturalista, contraposto ao seu eterno adversário, que sempre renasce e jamais foi definitivamente derrotado, o modelo aristotélico. (...) do ponto de vista teórico, sempre defendi – e continuo a defender,

---

6. Idem, ibidem, p. 28.
7. Aqui entendido como boa norma, porque justa.

fortalecido pelos novos argumentos – que os direitos do homem, por mais fundamentais que sejam, são direitos históricos, ou seja, nascidos em certas circunstâncias (...).[8]

A boa norma é considerada justa proporcional às diferenças materiais prevalecentes entre os cidadãos. Mas, por isso, é também materialmente desigual. A forma da *eunomia*, defendida pelos aristocratas da Grécia Antiga, invoca conceitos indeterminados ou vagos. São exemplos de tais conceitos as noções de "bem", de "justiça" e de "proporcionalidade". A indeterminação clama pela explicitação do que sejam tais coisas. Tal desiderato reclama a fixação de critérios claros e objetivos para definição, nos incontáveis casos singulares, da proporcionalidade a ser eleita como justa.

Trata-se de um imperativo da (i) segurança jurídica e da (ii) igualdade formal, explicitar critérios claros e objetivos de legitimação da desigualdade proporcional. Sem os ditos critérios, o Estado de Direito e a democracia poderão tornar-se permeáveis aos casuísmos e demais vícios do Estado patrimonial burocrático, tão presente na tradição histórica das nossas instituições jurídico-políticas.

1.2.1 Novos desafios à tradição republicana

A tradição republicana, sob a influência da modernidade, inclinou-se pela igualdade isonômica, eclipsando com isso a preocupação aristocrática com a proporcionalidade fundada na *eunomia*. O caráter universal da normatividade social e a impessoalidade nele contida representam o espírito do combate aos privilégios odiosos das desigualdades medievais e do monarquismo decadente, que Montesquieu adjetiva como "corrompido". Os primeiros tempos da modernidade sublinharam a igualdade, tanto por parte do legislador constituinte americano como do francês, nos dias das Revoluções America e Francesa, respectivamente.

A ênfase na igualdade, porém, pode ensejar a superposição da igualdade formal à material. Sobre isso o autor d'*O Espírito das Leis* prelecionou: "assim como o céu está afastado da terra, o verdadeiro espírito da igualdade o está do espírito da igualdade extrema".[9] Contrariamente ao igualitarismo exacerbado de um certo espírito republicano, o *animus* da monarquia, para o autor citado, mobiliza, em favor do interesse público a ambição pela distinção e honraria dadas aos detentores do *munus publi-*

---

8. Norberto Bobbio, *A Era dos Direitos,* cit., pp. 4-5.

9. Charles Louis de Secondat Montesquieu, *Do Espírito das Leis* (Os Pensadores), 2ª ed., São Paulo, Abril Cultural, 1979, p. 114.

cum. Os privilégios e honrarias são assim postos como recompensa pela dedicação à causa pública, favorecendo o interesse social:

> o governo monárquico supõe, como dissemos, categorias (...). A natureza da honra é exigir preferências e distinções; ela está, portanto, (...) situada neste governo *[monárquico]*. A ambição é perniciosa numa república, mas acarreta bons resultados na monarquia: dá vida a esse governo com a vantagem de não ser perigosa porque pode aí ser incessantemente reprimida.[10]

O raciocínio de Montesquieu mostra-se plausível.

A pós-modernidade, por sua vez, repudiando as universalidades, a linearidade dos raciocínios e as identidades, se opõe ao moderno, negando a isonomia, na forma da igualdade plena, conforme já escrevemos:

> A modernidade foi uma espécie de negação do medieval. Por isso foi uma afirmação da racionalidade que alguns gostam de adjetivar como instrumental. Foi também uma busca pelas universalidades, pela impessoalidade. Foi a modernidade que disse que todos eram iguais perante a lei, imbuída que estava da busca de universalidades referentes a direitos e ao próprio homem.[11]

A pós-modernidade sublinhou as diferenças, afastando-se tanto da igualdade formal como da material. De um lado, a tradição republicana é assim desafiada a conviver com o igualitarismo que o autor d'*O Espírito das Leis* chama de "igualdade extrema". Montesquieu censura a equiparação das necessidades. O republicanismo é forçado a conviver, de outro lado, com o desapreço pela igualdade formal, isonômica, que era voltada para a impessoalidade e a generalidade da normatividade social. Isto acontece porque a igualdade normativa, isonômica, é repudiada em nome da *eunomia*, por um certo neorrepublicanismo.

O fundamento de tal repúdio, alega-se, é a desigualdade material que deve ser superada. A diversidade das necessidades finalmente foi admitida. Falta-lhe, porém, (i) a definição explícita de critérios necessários a determinação clara (a) do que seja ou como se possa identificar "o bem" contido na "boa norma" e (b) o respectivo nexo entre o favorecimento e a desvantagem que o bem aludido pretende corrigir. Ressalte-se que a

---

10. Idem, ibidem, p. 45.
11. Rui Martinho Rodrigues, "Teorias, fontes e períodos na pesquisa histórica", in M. J. M. Cavalcante, Z. F. de Queiroz, R. E. de P. Vasconcelos Jr. e J. E. C. de Araújo (Org.), *História da Educação – Vitrais da memória: lugares, imagens e práticas culturais*, Fortaleza, Edições UFC, 2008, fs. 435-454, p. 446.

discriminação positiva assim definida (ii) deverá mostrar-se compatível com o interesse social.

1.2.1.1 Impessoalidade e normatividade universal

A democracia grega, como dito, nasceu junto com a Filosofia, oportunidade em que o debate racional afastou ou diminuiu, juntamente com outros fatores, a importância da força e das predições dos oráculos do âmbito das decisões políticas. O conhecimento que se presume seguro, superior ou esclarecido, porém, é inimigo da democracia. A vertente do pensamento filosófico que se pretende na posse do real, armada de conhecimento não problemático, opõe-se ao debate, substituindo-o pelo magistério, pelo esclarecimento.

Conhecimento superior invoca hierarquia de consciências. Introduzir um conhecimento que se presume superior, na arena política, trouxe benefícios e problemas. A consideração da política unicamente como razão demonstrável pode tecnificar e descaracterizar a natureza da sua prática.

A judicialização da política pressupõe a superioridade do discernimento dos juristas em face dos cidadãos eleitores e do legislador ordinário. *Mutatis mutandis*, a judicialização das relações sociais, pela via da normatividade minudente da vida em sociedade, pressupõem a incapacidade dos cidadãos, restringindo-lhes o espaço da liberdade negocial, publicizando o direito privado, promovendo a interdição dos cidadãos e estabelecendo uma verdadeira curatela do Estado-juiz sobre eles. Curatelados não são autônomos, não têm cidadania, são havidos por incapazes.

O respeito ao pensamento das maiorias só viceja sob a proteção do reconhecimento da capacidade que todo homem tem de pensar; ao lado da ideia de que nenhum homem ou doutrina está acima da falibilidade humana nem existe hierarquia de consciências, nem os juízos de valor dependem do saber científico ou filosófico. A presunção da capacidade de todos os cidadãos está para a política assim como a presunção do conhecimento da lei por todos está para o Direito. Aceitando-se que todos pensam e todos erram, não havendo sabedoria em seguir a falibilidade alheia, aceita-se a vontade da maioria como opção pela própria falibilidade, em detrimento da submissão à falibilidade das supostas vanguardas, dos líderes havidos por esclarecidos, aos quais se devesse prestar culto.

Respeita-se, na sequência desta linha de raciocínio, a liberdade, não de tomar decisões supostamente certas, mas de errar por conta própria, como fundamento maior das liberdades e do sistema democrático.

O conhecimento que se presume seguro é intolerante, sob pena de ser conivente com o erro. Não consulta as maiorias. Antes se vale da própria percepção dos suportes fáticos e das razões alegadamente demonstráveis – embora nem sempre suficientemente demonstradas ou aprovadas pelas experiências históricas concretas –, para orientar e tutelar as maiorias acoimadas de ingênuas, portadoras de uma consciência que aqueles que se apresentam como esclarecidos consideram falsa. Tal atitude equivale a decretar a menoridade ou a incapacidade daqueles que foram considerados como não esclarecidos, cassando-lhes a cidadania.

Verdade, saber superior, consciência crítica ou esclarecida; ao lado de um sentimento de superioridade ética, integram o vocabulário político que mais tem desafiado a tradição democrática:

> Identificar a gnosiologia que embasa um pensamento político é um passo importante para inventariar o seu léxico, e, principalmente, para desvendar a sua sintaxe. Lexicografia e sintaxe dogmáticas apontam para a intolerância política, para a presunção de esclarecimento, de consciência superior, (...) a um passo do messianismo político. (...) propicia um sentimento de superioridade e de pureza ética, e (...) justificação de meios iníquos.[12]

A presunção de saber superior ou esclarecido leva à intolerância. A resistência a um tal conhecimento é vista como ignorância ou má-fé. Os apedeutas, para os que se presumem esclarecidos, devem ser ensinados, esclarecidos, doutrinados, catequizados. Os de má-fé precisam ser castigados, reprimidos, talvez eliminados, conforme a tradição dogmática, antípoda do espírito democrático. A linhagem que propõe a igualdade plena, referida na Grécia Antiga como isonomia, como qualquer outra corrente política que se sinta escudada por um saber presumidamente superior, se sente, *ipso facto*, legitimada para usar quaisquer meios na defesa do que lhe pareça favorável à igualdade material. Quaisquer outras teses identificadas com o que se julga saber com certeza ser o "bem", o justo ou o certo, proporcionarão a mesma legitimação ilimitada, apta a justificar o uso de meios abomináveis.

A presunção de representar o bem ou o justo, escudada na convicção de basear-se num saber indubitavelmente verdadeiro, é fórmula repetidamente presente, ao longo da História, na gênese do totalitarismo e das maiores torpezas que o acompanham. Além disso, a hierarquia de cons-

---

12. Rui Martinho Rodrigues, *O Príncipe, o Lobo e o Homem Comum,* Fortaleza, Edições UFC, 1997, p. 16.

ciências assim introduzida, nega a isonomia pretendida e abre caminho para os programas de homogeneização de consciências.

Conforme a experiência histórica, quem interpreta a proposição de uma igualdade proporcional, sob a forma de *eunomia*, supostamente escudado em um saber verdadeiro, tende à intolerância com o que lhe parece erro. Quem segue essa trilha se arrisca (i) a enveredar pela justificação do injustificável, em nome dos fins excelsos legitimados por uma ética teleológica; (ii) fragiliza a igualdade republicana em sua dimensão formal; (iii) compromete a impessoalidade, que habitualmente se encontra abrigada nas entranhas da normatividade universal, que é isonômica. Sem a igualdade formal (a) não há impessoalidade, (b) não há generalidade normativa, (c) nem é possível discernir os limites da legalidade, da licitude e da ilicitude, tornados fluidos pela diversidade dos entendimentos, no caso concreto, do que seja justo.

A isonomia, por sua vez, quando fortalecida pela convicção de um saber que se presume superior, e de uma finalidade que se diz excelsa, revelou-se uma grave ameaça à democracia. Essa é a grande lição das experiências históricas do século XX. A isonomia plena supõe um direito inato à igualdade material, desprezando, inclusive, a reserva do possível,[13] estimulando demandas de toda ordem, ensejando promessas fáceis de formular, embora nem sempre exequíveis, fomentando insatisfações, ameaçando a paz social e a segurança jurídica, desqualificando o mérito e secundarizando a responsabilidade individual.

Por tudo isso há de se mitigar a isonomia.

O argumento da *eunomia*, dos aristocratas gregos, quando demasiadamente fortalecido, representa, por sua vez, a morte da igualdade entre os cidadãos, destruindo os fundamentos da tradição republicana e da segurança jurídica, à medida que esta não subsiste sem a igualdade formal.

1.2.1.2   Igualdade formal e material, justiça e paz social

São argumentos que polarizam tendências no interior da tradição republicana: a ordem jurídico-política como fundamento da paz social[14] e

---

13. Reserva do possível será objeto de análise logo adiante, neste estudo. No momento, basta assinalar que se trata de argumento destinado a limitar o voluntarismo jurídico-político. A base do argumento da reserva do possível é a finitude dos meios e a enorme elasticidade das expectativas de direito geradoras de demandas sociais.

14. A ideia de justiça pertence ao campo axiológico. A paz social se vincula muito mais ao campo dos juízos de fato. A normatividade social, entendida como o Direito, é constituída por três fatores, conforme lição de Reale: "uma análise em

o desiderato de justiça como o segundo objetivo da citada ordem. O pensamento hobbesiano absolutizou a importância da paz social, conforme palavras textuais do autor do *Leviatã*:

> O fim último, causa final e desígnio dos homens (que amam naturalmente a liberdade e o domínio sobre os outros), ao introduzir aquela restrição sobre si mesmos sob a qual os vemos viver nos Estados, é o cuidado com a sua própria conservação e com uma vida mais satisfeita. Quer dizer, o desejo de sair daquela mísera condição de guerra que é a consequência necessária (conforme se mostrou) das paixões.[15]

A *eunomia* busca a justiça, com fundamento na proporcionalidade, vinculando direitos e deveres aos ditames das possibilidades e necessidades, submetendo a igualdade formal ao reconhecimento de certas desigualdades materiais.

A subordinação da igualdade formal às exigências da (des)igualdade material, porém, para ser boa norma, deve restringir-se aos seguintes casos: (i) aqueles em que desigualdade material se caracterize como desvantagem involuntária para o beneficiário da desequiparação permitida; (ii) deve guardar um nexo de pertinência com o objeto em face do qual a igualdade formal será mitigada; deve, ainda, (iii) limitar-se aos casos em que tal desequiparação não comprometa o interesse social; e, finalmente, (iv) deve ser expressa, sempre que possível, de tal forma que passe a constituir uma normatividade que ultrapasse os estreitos limites da singularidade,[16] ficando aquém da universalidade,[17] o que vale dizer, beneficiando a todos os cidadãos na mesma situação particular[18] desvantajosa que se pretende compensar.

profundidade dos diversos sentidos da palavra Direito veio demonstrar que eles correspondem a três aspectos básicos, discerníveis em todo e qualquer momento da vida jurídica: um aspecto normativo (...); um aspecto fático (...) e um aspecto axiológico" (Miguel Reale, *Lições Preliminares de Direito,* 23ª ed., São Paulo, Saraiva, 2002, p. 64).

15. Thomas de M. Hobbes, *O Leviatã* (Os Pensadores), 2ª ed., São Paulo, Abril Cultural, 1979, p. 103.

16. Singular, em lógica, "(...) designa, especificamente, um determinado ser: este lápis, o primeiro satélite artificial" (Imídeo Giuseppe Nerici, *Introdução à Lógica,* 9ª ed., São Paulo, Nobel, 1985, p. 34).

17. Universal aqui "(...) designa todos os seres de uma mesma espécie ou gênero, por conter sua compreensão um elemento ou essência comum ou, ainda, quando exprime uma noção despojada de qualquer elemento sensível, obtida pela abstração (...)" (idem, ibidem).

18. Particular, aqui "(...) designa parte de uma classe ou gênero de seres: *[exs.]* muitos soldados, alguns aviões, várias televisões" (idem, ibidem).

A isonomia busca a paz social. Ressalta-se, por outro lado, a indeterminação do conceito de justiça e a importância da participação equitativa de todos os cidadãos no processo político. A participação política, por sua vez, encontra arrimo na universalidade da falibilidade e da capacidade de discernimento entre os juízos de valor, pelo que se nivelam todos os homens. Este é o fundamento maior da tese segundo a qual, no processo político democrático, deve prevalecer, independentemente da desigualdade material entre os homens, o princípio: um homem, um voto.

Absolutizar a isonomia ou a *eunomia* compromete o tênue equilíbrio republicano entre a busca do justo e a segurança jurídica. A isonomia serve à igualdade. Merece destaque o fato de que não há liberdade sem igualdade formal, fiadora da validade e da fruição, por todos, das garantias fundamentais. Ambas, isonomia e *eunomia*, servem – quando usadas com a observância de critérios discerníveis, nos limites da razoabilidade –, ao que o pensamento hobbesiano tanto preza: a paz social. Acrescente-se, ainda: a indeterminação dos conceitos induz à necessidade de parâmetros claramente definidos para a solução de situações concretas. Só assim a discriminação negativa, o favoritismo personalista e a troca de favores, tão arraigados nas nossas tradições patrimonialistas, poderão ser limitados.

A igualdade pode ser definida pelas necessidades, conforme a tradição igualitarista. Também pode ser determinada pelas capacidades, nos termos da tradição aristocrática. Ambas as posições podem declarar-se em harmonia com a justiça, no sentido da *eunomia*, fundado na proporcionalidade entendida como o justo. O igualitarismo alega que se constitui em uma proporcionalidade unitária e universal, porque baseada nas necessidades fisiológicas, o que alega ser justo. A proporcionalidade meritocrática, todavia, toma as capacidades como referencial da proporcionalidade que se pretende equânime.

Ambas podem invocar o benefício da proporcionalidade, sim. A corrente da *isonomia* considera que a necessidade é um conceito determinado, unívoco e que serve de fundamento da justiça. Os defensores da *eunomia* supõem que a proporcionalidade justa é um conceito de apreensão imediata, não problemática, constituindo uma evidência apodítica ou algo plenamente demonstrável até a saciedade, para as pessoas de boa-fé.

Necessidades iguais permitiram igualdade material, indiferenciando isonomia e *eunomia*; tornando indiscerníveis a igualdade isonômica e a proporcionalidade, conforme o entendimento segundo o qual a igualdade isonômica é uma proporção unitária. Tal justificaria a igualdade material fundada na universalidade das necessidades, definidas estas como meramente fisiológicas, nos termos da isonomia exacerbada, expressa na forma de igualdade material plena.

Outra vertente da tradição jurídico-política, preocupada com a segurança jurídica e com os direitos e garantias fundamentais, considera que necessidade é um conceito indeterminado ou obscuro, albergando significativa diversidade semântica, marcado pela pluralidade dos entendimentos decorrentes das circunstâncias em cada caso concreto e, por isso, inapto para balizar os limites do justo garantindo, ao mesmo tempo, a clareza necessária à segurança jurídica aludida.

Considera, ainda, que uma definição unívoca do que seja admitido como justo é antidemocrática, porque restritiva da liberdade de consciência dos cidadãos. Também considera que aceitar como plausível a existência de uma razão unívoca, apta para convencer e seduzir todos os homens a um consenso gerador da autonomia normativa e da emancipação, não apenas é infundado como ameaça a liberdade de consciência. Assim o é porque uma razão unívoca e universal não admite pluralidade de consciências. Este entendimento, que repudia a suposta univocidade e evidência do que seja justo, que recusa a ideia de saber esclarecido no campo axiológico e que se opõe à hierarquia de consciências que discrimina entre "ingênuos" e "esclarecidos", é a vertente da *eunomia*.

O fato de que todos tenham apenas uma boca e um estômago não basta para uniformizar necessidades. A tradição que propugna pela *eunomia*, reconhecendo a diversidade das necessidades humanas, considerava, nas suas origens, as capacidades como fator idôneo para servir de base à proporcionalidade por ela havida como justa. Sendo a enorme diversidade das capacidades largamente reconhecidas, o que se pode conceber como justo ou como boa norma distancia-se da isonomia, quando as ditas capacidades sejam o parâmetro da proporção balizadora da boa e justa normatividade social.

As capacidades, quando constituídas por conceitos bem determinados e quando representem aptidões socialmente úteis, são reconhecidas milenarmente como idôneas para legitimar prerrogativas desiguais, conforme o exemplo da licença para o exercício de profissões técnicas. O exercício das profissões é igualmente facultado a todos os brasileiros, mas sujeito a restrições pelo legislador ordinário, conforme a Lei Magna em vigor, art. 5, inc. XIII: "é livre o exercício de qualquer trabalho, ofício ou profissão, *atendidas as qualificações profissionais que a lei estabelecer*". Isso significa que a igualdade, seja ela formal ou material, deve observar a *razoabilidade*. Significa, ainda, que o juízo do que seja a razoabilidade, nos casos em que a isonomia possa sair ferida, deve ser reservado ao legislador, não à autoridade judicante ou à administrativa. Este é o espírito da normatividade constitucional tanto nos dispositivos constitucionais de eficácia contida[19] como naqueles de eficácia limitada.[20]

A soberania insinua-se entre a isonomia e a *eunomia*, tornando mais complexo o desafio da busca da legitimidade republicana. Assim o é porque a formulação da boa norma que se pretenda fundada na proporcionalidade havida como justa – entendendo-se como tal a natureza compensatória ou distributivista da desequiparação promovida pela *eunomia* –, contempla a encruzilhada em que, de um lado, o Direito reclama para si a condição de sustentáculo da legitimidade, enquanto, de outra parte, a representatividade e a participação reivindicam a condição de fundamento do Direito, quando se considere que este não constitui a expressão de uma ordem cósmica ou divina, nos termos, respectivamente, das concepções cosmocêntricas e teocêntricas, restringindo-se esta última especificamente ao campo das teorias teocráticas.

O argumento da legitimidade política se interpõe entre a tese jurídico-axiológica da isonomia e o arrazoado da *eunomia*, no âmbito do debate metajurídico, gerando tensão. A forma de legitimação cosmocêntrica – fundada no Direito que se presume natural –, e a legitimação antropocêntrica amparada na decisão política pela via do devido processo legislativo, suscitam, potencialmente, idêntica polaridade. Isonomia e *eunomia*, qualquer que seja o modo como venham a ser definidas, poderão fundamentar posições no debate axiológico, com relativo grau de razoabilidade. O fundamento imediato do Direito, porém, é a decisão política dos governados, na forma da autorização expressa dada aos governantes para estabelecer e fazer cumprir a normatividade social conforme uma ou outra concepção do justo.

Sucede, desse modo, que, uma vez composta a fórmula legitimadora do modelo jurídico-político, a legitimação passa a adquirir maior clareza e maior importância política, em face da clássica oposição potencial entre

---

19. A classificação das normas constitucionais segundo a eficácia das mesmas é explicada didaticamente em Alexandre de Moraes, *Direito Constitucional*, 23ª ed., São Paulo, Atlas, 2008, p. 12: "Normas constitucionais de eficácia contida são aquelas em 'que o legislador constituinte regulou suficientemente os interesses relativos a determinada matéria, mas deixou margem restrita por parte da competência discricionária do poder público, nos termos que *a lei estabelecer* (...)'".

20. Idem, ibidem: "Normas constitucionais de eficácia limitada são aquelas que apresentam 'aplicabilidade indireta, mediada e reduzida, porque somente incidem totalmente sobre esses interesses, após uma normatividade ulterior que lhes desenvolva a aplicabilidade (...)'".

direito e soberania. O problema pode ser resumido, segundo palavras de Norberto Bobbio, na forma de um dilema:

> (...) o problema fundamental dos teóricos da soberania sempre foi apresentá-la, não como um simples poder, como um poder de fato, mas como um poder de direito, isto é, como um poder também ele autorizado e regulado, como os poderes inferiores, por uma norma superior, seja esta de origem divina, seja uma lei natural ou então uma lei fundamental (hoje diríamos constitucional), derivada da tradição ou do direito consuetudinário. O problema do normativista, ao contrário, é mostrar que um sistema normativo pode ser considerado direito positivo apenas se existirem, em várias instâncias, órgãos dotados de poder, capazes de fazer respeitar as normas que o compõem. O poder sem direito é cego, mas o direito sem poder é vazio.[21]

Discute-se o papel do Poder, como instância definidora da prevalência da isonomia ou da *eunomia*, com as suas respectivas especificidades. Também debate-se o papel ou a função do direito como o fundamento da legitimidade para definir ou eleger, alternativamente, a igualdade ou a proporcionalidade como argumento legitimador da ordem política e social.

A igualdade formal é defendida por quem reconhece o Poder Político, quando democrático, como instância definidora do justo, desde os dias dos legisladores constituintes da Virginia e da Grande Revolução Francesa, no contexto da modernidade. Quem assimila o direito à normatividade emanada do Estado e entende que a missão deste ente político é, precipuamente, preservar a paz social, não tem dificuldade em dizer: o Direito é a igualdade formal e decorre do Poder político legítimo, que é o fiador da paz social. Base deste raciocínio é o não saber que a todos nivela, no âmbito dos juízos de valor.

Paz é conceito determinado, aspecto que enseja segurança jurídica. Acresce que a legitimidade do Estado democrático se funda, não no Direito, que é um conceito indeterminado e consequentemente polêmico, mas no consentimento dos governados. Este é fácil de discernir. A clareza da normatividade social fortalece a segurança jurídica, tendo como corolário a paz social. Sendo a aquiescência dos cidadãos o fato político que alicerça a ordem democrática, a política se legitima pela própria via política, já que o consentimento do soberano[22] é a fonte de toda legitimidade.

---

21. Norberto Bobbio, *Teoria Geral da Política*, Rio de Janeiro, Campus, 2000, pp. 239-240.

22. "1. Que exerce o poder supremo, tem autoridade (rei); 2. que exerce sem restrição nem neutralização, poder ou autoridade suprema (congresso soberano rejeitará o veto presidencial); 3. que detém o poder; dominador; influente (o povo

A isonomia, ínsita na igualdade formal, também é conceito determinado, condição propiciadora da previsibilidade da tutela do Estado. A segurança jurídica é requisito indispensável à paz social e, consequentemente, à previsibilidade da provisão jurisdicional, sem a qual não há paz social; não há Estado de Direito.

Acrescente-se que a igualdade formal e a legitimidade política, entendidas como instância legitimadora do Direito, supõem a capacidade dos cidadãos, até prova em contrário, na forma clássica da presunção *juris tantum*.[23] Sujeitos capazes não devem ser interditados, não se justificando a designação de curadores para eles.

Por outro lado, o argumento segundo o qual o Direito é a fonte de legitimidade; fundamento da ordem política, jurídica e social ampara a tese que diz ser a justiça –, quando entendida como boa norma –, definida pelo Direito, não pelo Poder político, a despeito deste dever ser legitimado pelo respaldo da outorga popular. Isso implica desprezo pela vontade e pelo discernimento dos cidadãos; e excessiva confiança numa comunidade de sábios encarregada de dizer livremente o direito, conforme entendimento fundado no saber e nas virtudes cívicas dos referidos sábios. Isso implica confiar no saber supostamente verdadeiro e na virtude dos esclarecidos, conforme a tradição dos reis filósofos,[24] porque se não é a maioria que dita o Direito, certamente serão os "reis filósofos" os encarregados deste mister, havidos tais "reis" como uma "comunidade de sábios", ao que se deveria acrescentar "e virtuosos", pois saber sem virtude não afasta a torpeza. Isto implica, ainda, desconfiar do discernimento dos cidadãos comuns que, contrariamente ao elitismo da ideia do governo de sábios, deveriam emprestar validade às decisões políticas, conforme a tradição falibilista, que desconfia da presunção de sabedoria e de virtude dos homens públicos.

Na origem de tal entendimento encontra-se um fundamento cosmocêntrico do Direito, fundado numa racionalidade supostamente universal, superior à vontade dos governados, apreendida pelos esclarecidos, sábios e virtuosos, entendimento este herdeiro do jusnaturalismo.

soberano) (...)" (Antônio Houaiss e Mauro de Salles Villar, *Dicionário Houaiss da Língua Portuguesa*, Rio de Janeiro, Objetiva, 2001, p. 2.589). O termo soberano foi usado aqui no terceiro sentido do léxico citado: o povo soberano.

23. "(...) Estabelecido pela lei, mas que admite que se prove que o contrário é que ocorre" (Ivan Horcaio, *Dicionário Jurídico*, São Paulo, Editora Primeira Impressão, 2008, p. 1.096).

24. Platão, *A República*, 6ª ed., Lisboa, Fundação Calouste Gulbenkian, 1990.

A linhagem política que admite o governo dos "reis filósofos", além de seguir o raciocínio do "saber superior", precisa admitir que ainda: (i) o saber aperfeiçoa os homens, tornando-os mais propensos às virtudes cívicas; supondo também que (ii) a razão universal e superior seria capaz de seduzir todos os homens, mobilizando-os para o bem, de modo a ensejar a autonomia consubstanciada na lei de todos e de cada um, conciliando, unicamente pela via da razão, todos os conflitos de interesse e todas as paixões colidentes. O reducionismo daí resultante acredita que (a) as paixões são redutíveis à razão; (b) que existe uma razão unívoca, convincente e plenamente demonstrável até a saciedade; (c) que todos os homens se rendam à citada razão superior.

Observa-se que a tradição descrita é pródiga em credulidade e é perseverante, considerando-se os sucessivos fracassos, ao longo da experiência histórica, de todas as tentativas de concretizar tal coisa.

A política, quando se caracterize como Poder legitimamente constituído, ao eleger a prevalência da isonomia sobre a *eunomia*, opta pela igualdade formal. Esta é a opção caracterizada (i) pela normatividade genérica, (ii) pela segurança jurídica, (iii) pela previsibilidade da prestação jurisdicional, (iv) pela representatividade do legislador, (v) pelo governo consentido, cuja legitimidade política se radica na vontade dos governados.

A importância do consentimento dos governados para a legitimidade política pode ser assim resumida:

> A liberdade natural do homem deve estar livre de qualquer poder superior na terra (...) exceto aquele estabelecido por consentimento na comunidade civil. (...) A liberdade dos homens submetidos a um governo consiste em possuir uma regra permanente à qual devem obedecer, comum a todos *[isonomia formal]* os membros daquela sociedade e instituída pelo Poder Legislativo.[25]

Quem considera, não a chancela do Estado legítimo como Poder consentido e representativo, mas o que se presume seja a boa norma assim definida por sábios, como a fonte da legitimidade e a manifestação do justo, expresso pela proporcionalidade das capacidades ou das necessidades diferenciadas, não terá dificuldade em afastar ou reduzir o papel do Poder representativo e rasgará a lei sem o menor escrúpulo.

---

25. John Locke, *Segundo Tratado sobre o Governo Civil*, Petrópolis, Vozes, 1994, p. 319.

A representatividade é própria do Poder político, que é consentimento, porque nasce das urnas, da vontade expressa dos governados havidos como (a) capazes e (b) formalmente responsáveis. Reduzir o papel da representação política, em benefício do fortalecimento de um direito definido por sábios, que, na prática, pode se configurar no Poder Judiciário ou em algum "comitê central" de caráter político-partidário, é próprio de quem confia no saber supostamente superior dos agentes do Estado encarregados de discernir a boa norma, na singularidade de cada situação concreta. Esta é, vale repetir, a tradição dos "reis filósofos", da "República" de Platão que, no dizer de Karl Popper, é a tradição dos inimigos da sociedade aberta.[26]

Quem assim raciocina desconfia da representação política ou da capacidade dos cidadãos para escolher o que lhes convém.

Resta saber se a justiça é o fundamento da legitimidade e da paz social, apesar da natureza polêmica e indeterminada do que seja o justo. Tal fundamento se constitui em verdadeiro convite ao inconformismo e ao conflito interminável ou às soluções violentas. Não aceitar tal coisa equivale a dizer que a boa norma deve subordinar-se aos ditames da segurança jurídica e da paz social, valor maior a quem deve servir como instrumento de realização. Chega-se assim à necessidade da definição de critérios para a determinação dos conceitos indeterminados, além de exigir uma normatividade impessoal, que, em princípio, é isonômica.

A *eunomia* deixou de ser invocada apenas pelos aristocratas e por seus herdeiros políticos. A supressão do voto censitário e a adoção do sufrágio universal permitiram uma maior participação no processo político. Disso resultou o exercício de uma maior influência, nas decisões de Estado, por aqueles que supostamente seriam beneficiários das políticas distributivistas, o que ensejou a formação de maiorias parlamentares favoráveis ao Estado Provedor. A tal circunstância agregou-se a superveniência de longos períodos de prosperidade, com destaque para a segunda metade do século XX. Tudo isso potencializou o voto dos beneficiários das políticas sociais, consagrando o Estado Social, com suas obrigações de fazer, indutoras de obrigações positivas.

Assim, o Direito, que vinha de ser contrapoder, na forma de obrigações de não fazer, caracterizadas por prestações negativas, transmudou-se em Direito-Poder, na forma de obrigações de fazer, expressas sob a forma de prestações positivas. As prestações negativas dizem ao poderoso: não

---

26. Karl Popper, *A Sociedade Aberta e os seus Inimigos*, 2 vols., Belo Horizonte, Itatiaia/São Paulo, EDUSP, 1974.

faça. As prestações positivas dizem ao subordinado: faça. Os Direitos de primeira e segunda gerações ou dimensões impunham prestações negativas. Os Direitos de terceira geração ou dimensão impõem prestações positivas.[27] Tais direitos representam manifestações de poder, não a sua limitação. O poder de exigir que o cidadão use cinto de segurança, que vote obrigatoriamente e tantas outras obrigações de fazer são exemplos de direito-poder.

Tudo isso porque o cidadão é considerado, pela tradição autoritária dos "reis filósofos", como sendo incapaz de decidir por si, além de não se pertencer, não podendo dispor de si mesmo. Isso pode ser tudo, menos autonomia. Isso é direito-poder e tende para a tirania.

O distributivismo fiscal, assim implantado, deslocou o argumento da *eunomia* do campo da aristocracia para a ala dos seus adversários.

Quem defendia a isonomia passou a defender a *eunomia*. O argumento da igualdade entendida como proporcionalidade mudou de lado. A aristocracia grega falava em proporcionalidade como justiça, literalmente como "boa norma", expressa na palavra *eunomia*, referindo-se ao justo como proporcional em relação àquilo que designavam como capacidade e que hoje poderia chamar-se mérito. Os seus opositores, partidários do igualitarismo, defendiam a isonomia com fundamento na igualdade demarcada pelas necessidades, alegando que as necessidades humanas seriam materialmente iguais, o que excluiria o argumento da proporcionalidade, já que não se pode pensar em proporcionalidade quando se tem igualdade material, salvo quando adjetiva a proporcionalidade como unitária.

Proporcionalidade unitária é mera sinonímia de igualdade material plena, que é a proporção de um para um.

Não há proporcionalidade entre o número de bocas e de estômagos de cada homem, já que tal número é o mesmo, é igual, no sentido material, para todo ser humano. Este era o argumento clássico do igualitarismo,[28] que pretendia estabelecer a igualdade material entre os cidadãos.

O advento do Estado provedor ensejou o uso do argumento da proporcionalidade como fundamento de validade das políticas sociais, quando expressas na forma daquilo que mais tarde seria chamado de "discriminações positivas". A crise fiscal do Estado Provedor, cujos recursos, por mais abundantes que fossem, estiolaram-se no afã de atender as necessidades infindas, representadas pelas demandas sociais da era

---

27. Norberto Bobbio, *A Era dos Direitos*, Rio de Janeiro, Campus, 1992.
28. Norberto Bobbio, *Teoria Geral da Política*, cit., pp. 300-301.

dos direitos,[29] deu lugar ao argumento da "reserva do possível". Este conceito surgiu em face das garantias de bem-estar, sobretudo positivadas nas constituições da segunda metade do séc. XX, que em geral foram analíticas,[30] dirigentes[31] e determinadas a promover as garantias do bem-estar social, com todas as obrigações de fazer que daí decorrem, como expressões do direito-poder.

As citadas garantias, sendo pertinentes aos direitos sociais, vinculam os Estados ao cumprimento de obrigações de fazer, que representam prestações positivas, cuja implementação requer meios. O encontro entre meios limitados, por mais abundantes que eventualmente sejam, com necessidades ou aspirações ilimitadas, exigiu a formulação do conceito de reserva do possível.

Sim, a pluralidade ilimitada de direitos e aspirações sociais supera a finitude dos meios orçamentários e técnicos, assim como dos recursos das mais variadas espécies, fato que desobriga quem de outro modo estaria obrigado.

A consideração dos limites susorreferidos, impostos pela finitude dos meios materiais, em face da ampla e diversificada gama de direitos sociais, que suscitou o debate sobre a reserva do possível, repercutiu fortemente na determinação ou definição das garantias dadas pelo Estado provedor, na literalidade dos textos constitucionais.

1.2.2 O Estado social e a era dos direitos

O reconhecimento da "reserva do possível" exige a demarcação clara do que seja tal coisa.

---

29. Ver Norberto Bobbio, *A Era dos Direitos*, cit. Nesta obra o pensador peninsular considera o excesso de demandas, em nossos dias, como uma ameaça ao Estado democrático.

30. Trata-se de classificação das constituições baseada no tamanho ou extensão das cartas políticas. Constituições analíticas ou prolixas "Dispõem sobre diversos aspectos da organização do Estado, abrangendo questões que poderiam ser objeto de leis ordinárias, em inúmeros artigos" (Rodrigo César Rebello Pinho, *Teoria Geral da Constituição e Direitos Fundamentais*, 4ª ed., São Paulo, Saraiva, 2003, p. 15).

31. Constituição dirigente ou programática "(...) caracteriza-se por conter normas definidoras de tarefas e programas de ação a serem concretizados pelos poderes públicos. A ideia de programa costuma ser associada ao caráter dirigente da constituição, no sentido de comandar e impor a realização de metas e programas pelos poderes públicos. Não obstante, a atenuação do papel do Estado faz com que hoje o programa constitucional assuma mais o papel de legitimador da sociedade estatal do que a função de um direito dirigente do centro político" (Marcelo Novelino, *Direito Constitucional*, São Paulo, Método, 2008, p. 53).

A doutrina constitucional assim resume o conceito em apreço:

> É inegável a estreita relação entre as circunstâncias econômico--financeiras e a efetividade dos direitos fundamentais sociais. (...) sua implementação impõe prestações materiais por parte do Estado, sujeitando-se às condições econômicas e financeiras vigentes. A limitação e escassez dos recursos materiais disponíveis para o atendimento das infindáveis demandas sociais condicionam a realização das prestações impostas pelos direitos sociais ao volume de recursos susceptível de ser mobilizado pelos Poderes públicos.[32]

A proporcionalidade, expressa na *eunomia* dos aristocratas gregos, é agora amplamente aceita pela tradição republicana. Observa-se, todavia, forte tendência para a concepção da legitimidade das instituições jurídico-políticas como expressão do justo, não da representação, nem do consentimento dado aos governantes pelos governados, nem sequer pela manutenção da paz social. Não se explica, de modo claro e explícito, quem definirá o que seja a boa norma e o justo. Implicitamente admite--se, por via desta linha de consideração, uma comunidade de sábios, identificada com os juristas integrantes do Poder Judiciário, como instância definidora da boa normatividade, entendida como justa, equânime e sábia. Outra hipótese seria a de que os conceitos até aqui designados como indeterminados sejam, na prática: (i) de apreensão fácil e unívoca, mostrando (ii) significados que se presumem indiscutivelmente claros e bem definidos e (iii) de aceitabilidade universal.

A segurança jurídica dos cidadãos precisa da definição de critérios balizadores dos conceitos indeterminados, para que a função legislativa não seja suprimida, esvaziada ou usurpada pelos operadores do Direito, quando da interpretação e concreção das normas, diante dos casos concretos; e para que os cidadãos não fiquem entregues à diversidade de entendimento das autoridades do Judiciário e do Poder Executivo, relativamente ao que seja o justo, submetidos assim à imprevisibilidade e à insegurança que daí resultam. Não basta alegar que a decisão sobre o que seja o justo deva ser fundamentada, como se a fundamentação aludida restringisse a arbitrariedade da autoridade, porque nenhuma fundamentação é unívoca nem fiadora da alegada justiça. A autoridade minimamente habilidosa poderá fundamentar quase tudo; se também for cínica, poderá fundamentar tudo o que suas paixões e interesses ditarem.

A reserva do possível é um problema de definição de prioridades, associado à necessidade de limites a serem impostos ao voluntarismo e às

---

32. Marcelo Novelino, *Direito Constitucional*, cit., p. 374.

esperanças infladas pelo debate político partidário, no calor dos certames eleitorais, marcados pela generosidade das promessas.

O que seja o justo, nos termos da igualdade proporcional, assim como o prioritário, demanda critérios definidores dos ditos conceitos, norteadores da conduta social e da solução dos conflitos. Este cuidado previne contra o que Karl Popper chamou de "método essencialista de Aristóteles", a respeito do qual declara:

> O problema das definições e da "significação das palavras" (...) tem sido, porém, inexaurível fonte de confusão e daquela espécie particular de verborréia que, quando se combina ao historicismo na mente de Hegel, dá origem (...) ao que chamo *filosofia oracular* *[grifo deste estudo]*. (...) é a mais importante fonte (...) de todo aquele escolasticismo verbal e vazio que invade não só a Idade Média como a nossa própria filosofia contemporânea.[33]

1.2.2.1 A era dos direitos

A era dos direitos é o tempo do Estado Social, provedor. É também o tempo do ocaso da igualdade formal e do declínio da isonomia. É ainda o tempo dos conceitos indeterminados e da fragilização das normas de validade universal, situação destinada a facilitar casuísmos e outros vícios, tão presentes nas arraigadas tradições do Estado patrimonial luso-brasileiro.[34] Tempo de demandas havidas por muitos como justas; e da desigualdade formal, tida como "discriminação positiva", "desequiparação permitida" ou "ação afirmativa". É ainda o tempo da definição singular do direito no caso concreto; é, por tudo isso, também o tempo de desapego à impessoalidade das decisões e à universalidade dos conceitos e valores; e é o tempo do Direito como manifestação de Poder, porque sua ênfase se deslocou das prestações negativas, que manietam os poderes,[35] para as prestações positivas, que representam obrigações de fazer,[36] constituindo-se em manifestações de poder.

---

33. Karl Popper, *A Sociedade Aberta e os seus Inimigos*, cit., p. 15.
34. Cf. Raymundo Faoro, *Os Donos do Poder*, 2 vols., 6ª ed., Porto Alegre, Globo, 1984-1985.
35. As prestações negativas que limitam os poderes do Estado, nos termos da segunda geração ou dimensão do Direito, são aquelas emanadas do cidadão, dirigidas aos governantes, dizendo: não cobre tributo sem uma lei anterior que o autorize; não condene sem o devido processo legal, não viole o domicílio, nem a correspondência ou o sigilo bancário e tantas outras normas limitativas do poder do Estado em face dos cidadãos. Representam obrigação de não fazer, o que não onera ninguém. E con-

1.2.2.1.1 A judicialização da política

Ressalte-se que todo poder manifesto incide sobre alguém, restringindo direitos, submetendo-o. A transição do Direito contrapoder para o Direito-poder é a metamorfose do Direito, da condição de instrumento de contenção do poder exercido pelas autoridades executiva e judiciária, transmudando sua natureza em expressão do Poder Judiciário, sendo este formado pela aludida comunidade de sábios, nos termos da judicialização da política. A política judicializada é entendida como o procedimento pelo qual os tribunais e até juízes singulares e órgãos do Ministério Público determinam políticas públicas previstas genericamente em atos do Poder Legislativo ou do Executivo.[37] O clássico sistema de freios e contrapesos fica assim ameaçado, substituído pela simples obrigação, imposta à autoridade judicante, de fundamentar a decisão. A obrigação aludida, de fundamentar a decisão, quando se apresente como cumprimento da normatividade escudada na representação política, não se constitui em garantia, porque é perfeitamente possível, a uma autoridade de habilidade mediana, fundamentar quase tudo o que enseja casuísmos e arbitrariedades.

1.2.2.1.2 A separação dos poderes e a competência legítima

A separação dos poderes também fica grandemente fragilizada, em decorrência do afastamento da generalidade da norma em favor da supostamente sábia ponderação das peculiaridades do caso concreto, geralmente descrita e considerada como "prudente arbítrio do magistrado".

---

sistem num direito do cidadão que o Estado deve respeitar, configurando um triunfo do Direito sobre o Poder.

36. As prestações positivas são típicas dos direitos sociais. Elas consistem na exigência de que alguém faça alguma coisa. Elas oneram o obrigado com uma prestação positiva. Embora de imediato representem uma obrigação ditada ao Estado pelo cidadão, elas submetem, por via oblíqua, o cidadão que custeia a obrigação do Estado. Além disso, a senda da "boa norma" tende à proliferação normativa, à super-regulamentação. *Plurimae legis, pessima res publica*. O Estado provedor, alegando que é obrigado a socorrer o motociclista acidentado, se acha no direito de coagi-lo ao uso do capacete, assim como obriga o condutor e os passageiros ao uso do cinto de segurança, retirando-lhes a prerrogativa da decisão sobre o seu próprio destino, tratando-os como incapazes.

37. Tate e Valinder *apud* Rômulo Guilherme Leitão, "*Judicializacão da Política*" *e Governabilidade Democrática no Âmbito do Poder Local*, dissertação do Programa de Pós-Graduação em Direito Constitucional da Universidade de Fortaleza, Fortaleza, Unifor, Mímeo, 2008.

A democracia deixa de ser, por essa via, o regime da desconfiança na autoridade. Sim, o clássico sistema de freios e contrapesos, com a separação de poderes; a norma escrita; as garantias de devido processo legal; a inviolabilidade do domicílio, das comunicações telefônicas e postais; os sigilos fiscal e bancário; os princípios da anterioridade e da legalidade, no Direito Tributário; limitação de reeleições, no direito constitucional; a exigência de legalidade e tipicidade, no Direito Penal; as garantias constitucionais, a rigidez constitucional e o modelo de constituição analítica, como todas as numerosas garantias do Estado de Direito – que é como deve ser o Estado democrático –, tudo isso são expressões da desconfiança dos governados em face dos governantes e dos poderes em geral. A democracia e o Estado de Direito deixam de ser, ainda, expressão da isonomia republicana, da normatividade impessoal e genérica, desvinculando-se, assim, da segurança jurídica.

O Estado é, em geral, o obrigado imediato das prestações positivas dos direitos sociais. Mas o cidadão é compelido a custear as obrigações do referido ente político. Cada vez mais o cidadão é submetido à regulamentação pelo Leviatã, superlegitimado pelos encargos que assumiu e pela relevância dos serviços que presta ou promete prestar, que passa a exigir as mais diversas condutas, sejam elas comissivas ou omissivas. O protegido, obrigado, por via direta ou oblíqua, em face das obrigações de fazer, típicas da era dos direitos, vê-se limitado, no campo da liberdade negocial, pela super-regulamentação protetora. O cidadão, que na modernidade passou a emitir comandos para o Estado, na forma de direitos negativos, encontra-se agora ameaçado de voltar à condição de súdito, recebendo do Estado, sem o concurso dos seus representantes, comandos que lhe impõem obrigações de não fazer e até, por via direta ou indireta, obrigações de fazer.

1.2.2.1.3 Campo da licitude: a liberdade negocial

No atual momento histórico, o Estado volta a dizer ao cidadão, metamorfoseado em súdito, quais as suas obrigações de fazer e de não fazer: (i) não possua uma arma para sua autodefesa, nem tente se defender, na hipótese de uma agressão injusta (interdição parcial); (ii) não coma alimentos gordurosos (interdição parcial); (iii) não vote em candidatos que tenham sido acusados de improbidade, embora a justiça ainda não os tenha julgado em definitivo (cerceamento de liberdade política); (iv); não case em comunhão de bens, após os 60 anos de idade (interdição parcial); (v) não selecione livremente candidatos para fazer palestra em sua associação privada, antes trate-os todos indistintamente, independentemente da representatividade política deles ou da sua afinidade com o programa de cada candidato (cerceamento da liberdade política); (vi) não use símbolos religiosos em público (cerceamento da liberdade de expressão e da liberdade religiosa); (vii) não expresse suas convicções morais quando elas desabonem condutas sociais ainda que desvinculadas da política, mormente quando suas referências morais forem tradicionais (cerceamento da liberdade de expressão); (viii) não ministre ensino confessional nem busque recebê-los (atentado às liberdade de culto e de expressão).

1.2.2.1.4 Legitimidade derivada do saber

A situação se torna ainda mais preocupante, quando a onda normativista se faz acompanhar por um punitivismo exacerbado. Mais grave ainda, quando se pretende flexibilizar a universalidade da norma legal, não nas lacunas do ordenamento jurídico, mas na primeira linha do novo "decisionismo" judicial;[38] multiplicam-se as presunções legais de culpa[39] e até de dolo;[40] proliferam as hipóteses de responsabilidade objetiva;[41] criminalizam-se condutas anteriormente previstas como mera

38. Ativismo judicial é expressão usada para designar a conduta de membros do Judiciário e do Ministério Público que tendem a usurpar a função legiferante ou a executiva.

39. "Conjectura, juízo antecipado e provisório; aquilo que se presume. Conclusão que o juiz tira de fatos que se quer provar. Meio de prova indireta. A presunção jurídica pode ser: comum ou de fatos, aquela que se baseia no que acontece comumente, não sendo meio de prova, mas atividade interpretativa do juiz; *legal*, que decorre da lei e que pode se subdividir em legal absoluta (presunção *juris et de juri*) quando a própria lei a reputa verdadeira, em razão de ato ou fato ocorrido, ainda que haja prova em contrário, como na coisa julgada; e legal relativa (presunção *juris tantum*) a que considera uma afirmação falsa ou verdadeira até prova em contrário" (Deocleciano Torrieri Guimarães (Org.), *Dicionário Técnico Jurídico*, 3ª ed., São Paulo, Rideel, 2001, pp. 437-438).

40. "(...) vontade dirigida ao resultado delituoso, isto é, querer este resultado (dolo direto) ou assumir o risco de produzi-lo (dolo eventual). (...) O nosso Código Penal adota a teoria da vontade, onde, além da representação do resultado (consciência), exige-se do sujeito ativo o elemento volitivo, configurado como vontade dirigida a este resultado. No dolo eventual, a teoria do assentimento ou consentimento, onde tem-se como dolosa a conduta que, mesmo não visando diretamente o resultado, assente ou assume o risco de produzi-lo" (Esther C. Piragibe, Marcelo C. Piragibe Magalhães, *Dicionário Jurídico Piragibe*, 9ª ed., Rio de Janeiro, Lumen Juris, 2007, p. 434).

41. Originada do Direito Administrativo, a teoria da responsabilidade objetiva considera "dever do Estado responder pelos danos causados por seus órgãos, indepen-

contravenção[42] e até aquelas consideradas atípicas;[43] novas disposições encarceradoras são criadas; a regulamentação da prisão cautelar[44] a cada dia é mais "flexibilizada", sob os aplausos daqueles que se esquecem da possibilidade da autoridade, liberada para flexibilizar uma norma a pretexto de fazer o que entende ser o bem, além de fazer valer o seu entendimento pessoal sobre o bem, poderá flexibilizar a norma para fazer o mal.

Tal quadro expressa não só o menosprezo pela atividade legislativa conforme o devido processo legislativo, mas, a judicialização da política, a usurpação da função legislativa e a flexibilização da normatividade jurídica, com toda a vulnerabilidade que daí decorre em face das práticas patrimonialistas e do arbítrio em geral. Tudo isso representa uma séria limitação às prerrogativas do Poder Legislativo, na forma de um jogo de soma zero no qual o Poder Político, representativo e democrático por excelência, perde espaço na exata medida em que o Poder Judiciário, sem nenhuma representatividade política, ganha força.

Troca-se a política representativa, com todos os seus vícios e virtudes, pela política sem representação e sem participação, praticada pelo judiciário e por grupos restritos de pressão, incrustados no âmago do Poder Executivo. Os novos mentores da normatividade social, supostamente qualificados para dizer o que é justo, sem as balizas da normatividade oriunda dos legítimos representantes dos governados, autoelegeram-se "reis filósofos".

---

dentemente da intenção destes. Tem como fundamento doutrinário a teoria do risco administrativo" (Marcus Cláudio Acquaviva, *Dicionário Jurídico Brasileiro*, 11ª ed., São Paulo, Ed. Jurídica Brasileira, 2000, p. 1.129). Inobstante sua origem no Direito Administrativo, a responsabilidade objetiva vem sendo adotada na legislação civil, no âmbito da tendência para a publicização do Direito Civil. Tal publicização restringe a liberdade negocial, fragilizando a segurança jurídica e até a presunção de inocência.

42. Contravenção é instituto do direito penal, definida como "infração a que a lei comina, isoladamente, pena de prisão simples ou de multa, ou ambas, alternativa ou cumulativamente. A rigor, não existe diversidade ontológica entre crime e contravenção, a não ser na brandura da penalidade" (J. M. Othon Sidou, *Dicionário Jurídico*, 3ª ed., São Paulo, Forense Universitária, 1995, p. 197).

43. Atipia, "no Direito penal, *[é]* desconformidade do ato imputado com o fato escrito, tipificado como crime" (Deocleciano Torrieri Guimarães (Org.), *Dicionário Técnico Jurídico*, cit., p. 97).

44. "É a que se efetiva ou que se impõe como medida de cautela ou de prevenção, no interesse da justiça, mesmo sem haver ainda condenação (...) não se diz, propriamente, uma punição, pois que não está a pessoa, em verdade, ainda sob sua ação *[de condenação]*" (De Plácido e Silva, *Vocabulário Jurídico*, 18ª ed., Rio de Janeiro, Forense, 2001, p. 640).

Isso tudo representa séria ameaça à segurança jurídica do cidadão, sem a qual não há Estado de Direito nem democracia.

É a volta da ideia da entrega da direção da sociedade ao saber supostamente seguro, como fundamento da legitimidade, elitismo mal disfarçado de "esclarecimento" ou "consciência esclarecida", nos termos da tradição platônica. É também o retorno à ideia de que o saber aperfeiçoa o homem, reconhecendo os mais "esclarecidos" como devendo ter mais poder, desfrutando de uma posição dirigente, por supostamente serem mais virtuosos. Tudo ao tempo em que os mesmos candidatos a "reis filósofos" proclamam o relativismo epistemológico, negando que haja verdade.

Tudo isso resulta na e da judicialização da política e das relações sociais.

Não se deve esquecer que a judicialização da política provoca inevitável politização do judiciário. A judicialização das relações sociais, por sua vez, implica redução das oportunidades de composição extrajudicial, fato que se constitui no caminho da intolerância. A situação descrita promove a restrição do campo da liberdade negocial, por força da publicização do direito privado, culminando com a progressiva interdição de cidadãos maiores, reduzidos à condição de incapazes curatelados.

Finalmente, como efeito colateral, a judicialização das relações sociais tende a multiplicar as ações judiciais, assoberbando o judiciário, prejudicando a celeridade processual e até ameaçando levar à paralisia o referido Poder. O alargamento do campo da legalidade, cujo corolário é a expansão do espaço da ilegalidade, restringe o campo da licitude, que é, por excelência, o território da liberdade negocial, da vida privada, das liberdades individuais.

É também a consagração dos grupos minoritários de pressão, organizados e agressivos, que não conseguindo se impor à maioria da sociedade representada no Parlamento, procuram retirar as decisões políticas da esfera do Legislativo, deslocando-a para os espaços da sociedade civil e para os escaninhos do aparato do Estado, onde exercem de modo mais efetivo a sua influência.

A consolidação dos direitos nascidos da modernidade é a expressão do poder do voto e do constitucionalismo. Este foi consagrado no século XVIII, com o advento, em primeiro lugar, da Constituição americana e, depois, da primeira Constituição republicana francesa, como dito. O dito constitucionalismo passou por grande expansão, passando por profundas transformações, ao longo do século XX, dando lugar ao surgimento do neoconstitucionalismo. Constituições dirigentes e rígidas, protegidas pelo controle de constitucionalidade concentrado[45] e difuso,[46] marcam o neoconstitucionalismo, que aderiu à pós-modernidade e gerou este quadro. Decisões governamentais, ou mais precisamente, decisões de Estado, sobre o que deva ser prioridade entre possibilidades de políticas públicas foram assim transferidas para a competência do Poder Judiciário e do Ministério Público.

A isonomia perdeu quase toda a importância, cedendo lugar ao critério de proporcionalidade, que se alicerça em conceitos indeterminados de bom e de justo, tendendo a substituir a impessoalidade da norma pela singularidade do caso concreto. A introdução de tal prática tende a fortalecer, nos corredores do aparato do Estado brasileiro, de forte tradição patrimonial-burocrática, verdadeiro convite ao personalismo e aos casuísmos, quando não ao arbítrio e à corrupção.

Não parece tratar-se do caminho do aperfeiçoamento das instituições jurídico-políticas ou da democratização do Estado brasileiro.

Este é o desafio, situado na zona limítrofe entre o fenômeno político e social, com que se depara a tradição republicana nas democracias contemporâneas. Integram o elenco de valores, direitos e garantias atingidos pela (i) ameaça à igualdade formal, isonômica; (ii) a fragilização da normatividade genérica, que propicia o universalismo fiador da impessoalidade; (iii) a previsibilidade da licitude das condutas, que devem nortear o comportamento social; e, por fim, (iv) ameaça à segurança jurídica, que é o escudo protetor de cada pessoa e da paz social.

Eis o elenco das instituições republicanas afrontadas.

Os fatores que agridem as ditas instituições são os seguintes: (a) o relativismo laxista e a indeterminação de conceitos, a exemplo daquilo que seja considerado justo; (b) fragmentação pós-moderna do discurso, mormente na fronteira do político e do social, como também no campo jurídico, com a relativização imoderada da separação entre os Poderes do Estado e com o abalo do sistema de freios e contrapesos; (c) substituição progressiva da normatividade impessoal, genérica, em favor da concre-

45. Por meio deste controle, procura-se obter a declaração de inconstitucionalidade da lei ou ato normativo em tese, independentemente da existência de um caso concreto, visando-se à obtenção da invalidação da lei (...)" (Alexandre Moraes, *Direito Constitucional*, cit., p. 731).

46. "Também conhecido como controle por via de exceção ou defesa, caracteriza-se pela permissão a todo e qualquer juiz ou tribunal realizar no caso concreto a análise sobre a compatibilidade do ordenamento jurídico com a Constituição Federal" (idem, ibidem, p. 709).

ção do direito no caso concreto, nos temos do que vem sendo chamado "prudente arbítrio do juiz", que nem sempre é tão prudente, embora sempre seja arbítrio.

A democracia, vale repetir, é regida pelo princípio da desconfiança em relação aos Poderes, inclusive e principalmente aquela desconfiança relacionada à alegada prudência dos magistrados. Além disso, a proposta dos "reis filósofos" é autoritária, elitista e epistemologicamente infundada.

1.3 Algumas conclusões

A tradição democrática repousa sobre valores que informam a normatividade social, forjada na confluência da estima e da valia com a vertente fática do mundo real, consubstanciada nas práticas políticas, econômicas e sociais. Igualdade, liberdade e participação política insinuam-se entre valores, normas e condutas sociais contemplados com zelo especial pelas aludidas tradições democráticas.

O valor igualdade enseja a colisão entre a igualdade formal e a material. A primeira, nas suas origens, tendia ao igualitarismo, por força do princípio da isonomia, pelo qual igualdade era simples paridade. O fundamento do igualitarismo era a uniformidade das necessidades, entendidas como meramente fisiológicas: todos têm uma só boca e um só estômago. O aspecto material, quando ligado às capacidades, associava-se à igualdade proporcional, que no entendimento dos seus partidários era *eunomia*. Os partidários da igualdade proporcional eram os integrantes do partido aristocrata, na Grécia Antiga.

A modernidade, empenhada na busca por universalidades, inclinou-se pela impessoalidade, favorecendo a isonomia, inserta no formalismo da norma abstrata. A pós-modernidade[47] repudiou as universalidades. A

---

47. Sobre modernidade e pós-modernidade, registre-se que há divergências sobre o advento do pós-moderno ou de uma alta modernidade, entendida esta como uma nova etapa, mais avançada, do que é moderno. A tese da alta modernidade pretende que haja uma continuidade entre a modernidade e as tendências atuais, caracterizando ambas como formas de racionalidade crescente, em face de realidades políticas, sociais e cognitivas anteriores. A outra classificação, que considera predominantemente a ruptura, distinguindo e contrapondo modernidade e pós-modernidade, parece mais plausível do que a ênfase na continuidade, que alinha modernidade e alta modernidade. A respeito do tema pode-se dizer: "A modernidade, a qual se opõe a pós-modernidade, é marcada por definições claras, pelo primado do sujeito da História e na História e pela prevalência da razão típica do modelo de ciência moderna *[da revolução científica do séc. XVII]*. A pós-modernidade rejeita as definições

norma abstrata, com a sua generalidade universal, que servia de arrimo ao princípio da isonomia, claudicou, diante da tendência pós-moderna à descontinuidade e a concretude. A ideia de que as necessidades se equiparavam, baseava-se no reducionismo fisiológico igualitário, fundado, como dito, na igualdade do número de bocas e estômagos entre todos os homens. A ênfase na especificidade das necessidades desiguais se impôs. Os partidários da isonomia aderiram a *eunomia*, agora com fundamento, não nas capacidades, mas nas necessidades desiguais. Reconhecida a igualdade proporcional, que não é formal, nem é simples materialidade paritária, tomou a forma da proporcionalidade antes defendida pela *eunomia*.

O ocaso da normatividade universal propiciou a ascensão das doutrinas que enfatizam a singularidade do justo, circunscrevendo-a a cada caso concreto. O que seja o justo é conceito indeterminado. Deixá-lo para ser definido em cada caso concreto, sem uma clara e prévia demarcação dos seus limites, enseja insegurança jurídica nas relações sociais.[48] Multiplicam-se os conflitos quando não há clareza do direito, entendido este como a normatividade social vigente. A consequência é a judicialização das relações sociais e da política. Sucede que a magistratura e o Ministério Público não têm representatividade política. Assim, a pós-modernidade ameaça a democracia pela via da fragilização da representação e da participação, debilitando ainda mais o sujeito, que o titular de direitos, além de comprometer toda possibilidade de entendimento ao sublinhar radicalmente o relativismo tanto no campo da epistemologia como da axiologia.

O advento do Estado provedor, ao multiplicar direitos que expressam obrigações de fazer, onerando a parte obrigada com prestações positivas, representa Poder. Instala-se um jogo de soma zero, no qual o Poder cresce

bem demarcadas, a razão do modelo científico e o primado do sujeito. As rejeições introduzidas pela pós-modernidade ensejam uma presença maior das soluções de força, pelo desprestígio da razão como mediadora de conflitos (...)" (Rui Martinho Rodrigues, "Teorias, fontes e períodos na pesquisa histórica", in M. J. M. Cavalcante, Z. F. de Queiroz, R. E. de P. Vasconcelos Jr. e J. E. C. de Araújo (Org.), *História da educação – Vitrais da memória: lugares, imagens e práticas culturais*, cit., p. 453). Ressalte-se que a pós-modernidade, fortemente influenciada pelos pós-estruturalistas, manifesta claro desprezo pelo indivíduo, pelo sujeito. A modernidade valorizou o indivíduo, conferindo-lhe o *status* de titular de direitos fundamentais e inalienáveis, considerando-o dotado de razão. A pós-modernidade o considera como mero objeto ou produto de super e infradeterminações sociais, políticas, econômicas e culturais.

48. "É próprio do Direito ordenar a conduta de maneira bilateral e atributiva, ou seja, estabelecendo relações de exigibilidade segundo uma *proporção objetiva*" (Miguel Reale, *Lições Preliminares de Direito*, 27ª ed., São Paulo, Saraiva, 2002, p. 59).

à medida que os direitos pertencentes à vertente das garantias individuais perdem força. Quem contrai obrigação de fazer perde direito.

Quem adquire direito a uma prestação positiva ganha Poder à medida que alguém perde. A obrigação de fazer, no Estado provedor, recai, aparentemente, sobre o Estado. Todavia o Estado Provedor encontra nas prestações positivas um fundamento para o exercício do Poder sobre os cidadãos.

A proteção tem o preço da dependência. Proteção é tutela ou curatela.

O Estado obrigado a prestar assistência médica ao acidentado obriga condutores de veículos e passageiros a usar cinto de segurança; obriga motociclista ao uso de capacete. O cidadão é assim reduzido à condição de incapaz ou menor. A nulidade dos contratos em letra miúda ou em linguagem hermética, proteção dada pelo Estado ao consumidor, também é uma forma de interdição parcial, na forma de curatela.

A proteção do hipossuficiente está a reclamar, para a salvaguarda dos direitos individuais e da proporcionalidade que se pretende justa, que se defina uma normatividade universal, na forma de critérios norteadores da demarcação das capacidades do sujeito maior, responsável. Tal normatividade, abstrata, genérica, deverá contribuir para tornar os conceitos indeterminados mais claros, transformando-os em conceitos, senão determinados, menos obscuros. É a segurança jurídica dos cidadãos que está ameaçada.

Definam-se, pois: (i) quem é hipossuficiente, (ii) que discriminações positivas devem ser oferecidas, (iii) quais as necessidades especiais devem ser patrocinadas, (iv) que nexo deve haver entre a espécie de desvantagem do hipossuficiente e a espécie de benefício contido nas políticas compensatórias consubstanciadas nas discriminações positivas.

1.4 Referências

ACQUAVIVA, Marcus Cláudio. *Dicionário Jurídico Brasileiro*. 11ª ed. São Paulo: Ed. Jurídica Brasileira, 2000.
BOBBIO, Norberto. *A Era dos Direitos*. Rio de Janeiro: Campus, 1992.
_____. *Teoria Geral da Política*. Rio de Janeiro: Campus, 2000.
FAORO, Raymundo. *Os Donos do Poder*, 2 vols. 6ª ed. Porto Alegre: Globo, 1984-1985.
GUIMARÃES, Deocleciano Torrieri (Org.). *Dicionário Técnico Jurídico*. 3ª ed. São Paulo: Rideel, 2001.
HOBBES, Thomas de Malmesbury. *Leviatã* (Os Pensadores). 2ª ed. São Paulo: Abril Cultural, 1979.

HORCAIO, Ivan. *Dicionário Jurídico*. São Paulo: Editora Primeira Impressão, 2008.

HOUAISS, Antônio; e VILLAR, Mauro de Salles. *Dicionário Houaiss da Língua Portuguesa*. Rio de Janeiro: Objetiva, 2001.

LEITÃO, Rômulo Guilherme. *"Judicializacão da Política" e Governabilidade Democrática no Âmbito do Poder Local*. Dissertação do Programa de Pós-Graduação em Direito Constitucional da Universidade de Fortaleza, Fortaleza: Unifor, mímeo, 2008.

LOCKE, John. *Segundo Tratado sobre o Governo Civil*. Petrópolis: Vozes, 1994.

MARTINHO RODRIGUES, Rui. *O Príncipe, o Lobo e o Homem Comum*. Fortaleza: Edições UFC, 1997.

_____. "Teorias, fontes e períodos na pesquisa histórica", in CAVALCANTE, M. J. M.; QUEIROZ, Z. F. de; VASCONCELOS JR., R. E. de P.; e ARAÚJO, J. E. C. de (Org.). *História da educação – Vitrais da memória: lugares, imagens e práticas culturais*. Fortaleza: Edições UFC, 2008.

MONTESQUIEU, Charles Louis de Secondat. *Do Espírito das Leis* (Os Pensadores). 2ª ed. São Paulo: Abril Cultural, 1979.

MORAES, Alexandre. *Direito Constitucional*. 23ª ed. São Paulo: Atlas, 2008.

NAY, OLIVER. *História das Ideias Políticas*. Petrópolis: Vozes, 2007.

NERICI, Imídeo Giuseppe. *Introdução à Lógica*. 9ª ed. São Paulo: Nobel, 1985.

NOVELINO, Marcelo. *Direito Constitucional*. 2ª ed. São Paulo: Método, 2008.

PIRAGIBE, Esther C.; MAGALHÃES Marcelo C. Piragibe. *Dicionário Jurídico Piragibe*. 9ª ed. Rio de Janeiro: Lumen Juris, 2007.

PLATÃO. *A República*. 6ª ed. Lisboa: Fundação Calouste Gulbenkian, 1990.

POPPER, Karl Raymond. *A Sociedade Aberta e os seus Inimigos*. Belo Horizonte: Itatiaia; São Paulo: EDUSP, 1974.

REALE, Miguel. *Lições Preliminares de Direito*. 23ª ed. São Paulo: Saraiva, 2002.

PINHO, Rodrigo César Rebello. *Teoria Geral da Constituição e Direitos Fundamentais*. 4ª ed. São Paulo: Saraiva, 2003.

SIDOU, J. M. Othon. *Dicionário Jurídico*. 3ª ed. São Paulo: Forense Universitária, 1995.

SILVA, De Plácido e. *Vocabulário Jurídico*. 18ª ed. Rio de Janeiro: Forense, 2001.

Capítulo 2
FUNDAMENTOS E FALÁCIAS NAS AÇÕES AFIRMATIVAS
(as quotas para matrícula no ensino superior)[1]

Rui Martinho Rodrigues[2]
Cândido Bittencourt de Albuquerque[3]

2.1 Introdução. 2.2 Caminhos de uma política pública legítima: 2.2.1 Os objetivos da política pública: 2.2.1.1 Critério da ampliação da oferta de serviço – 2.2.1.2 O aprimoramento qualitativo do serviço público – 2.2.1.3 Os destinatários da política pública: 2.2.1.3.1 Desigualdades na escola pública – 2.2.1.3.2 O argumento da proteção do hipossuficiente; 2.2.1.4 A natureza dos benefícios ofertados pelas quotas: 2.2.1.4.1 A condição de mínimo existencial ou essencialidade do bem; 2.2.1.4.2 A superação das desigualdades sociais e regionais; 2.2.2 A legitimidade das políticas públicas: 2.2.2.1 O critério da razoabilidade e da equidade – 2.2.2.2 O critério da legitimidade jurídica – 2.2.2.3 O significado político-social da política pública – 2.2.2.4 O critério da eticidade; 2.2.3 Outros critérios de eleição de políticas públicas: 2.2.3.1 Diversificação da "elite branca" – 2.2.3.2 A demarcação das "raças" – 2.2.3.3 O reforço à autoestima dos excluídos – 2.2.3.4 Uma política social elitista; 2.2.4 O argumento da reparação histórica; 2.2.5 O argumento da suspeita. 2.3 Algumas conclusões. 2.4 Referências.

1. Publicado na *Revista Latino-Americana de Estudos Constitucionais*, n. 11, ano 9, Fortaleza, nov. de 2010, pp. 318-355.

2. Professor do Departamento de Fundamentos da Educação, da Faculdade de Educação da Universidade Federal do Ceará (UFC), doutor em História, mestre em Sociologia, bacharel em Administração e advogado.

3. Professor do Departamento de Direito Público da Faculdade de Direito da UFC, especialista em Direito Processual Civil, mestre em Direito Constitucional (Ordem Jurídica Constitucional), livre-docente e advogado.

> *A política é a arte de governar com o máximo de promessas e o mínimo de realizações.*
>
> Julio de Camargo

2.1 Introdução

Compreender ou formular políticas públicas requer a compreensão do que sejam tais políticas, e para isso é necessário que se compreenda a natureza do Estado e dos seus fins. Reconhecendo a necessidade de percorrer esta via, considere-se o estudo dos citados aspectos.

O exame das políticas públicas deve começar pela clara demarcação daquilo que se quer dizer ao mencioná-las. Políticas públicas designam o

> (...) instrumento do Estado, em especial do Executivo e do Legislativo, de caráter vinculativo e obrigatório, que deve permitir divisar as etapas de concreção dos programas políticos constitucionais voltados à realização dos fins do Estado Democrático de Direito, passíveis de exame de mérito pelo Poder Judiciário. (...) implica, portanto, uma meta a ser alcançada e um conjunto ordenado de meios ou instrumentos – pessoais, institucionais e financeiros – aptos à consecução desse resultado.[4]

As reflexões aqui expostas buscam a compreensão do significado e do alcance das quotas "raciais"[5] destinadas aos alunos procedentes de escolas públicas e estabelecidas para matrícula nas instituições igualmente públicas de ensino superior.

Trata-se de uma política pública e, como tal, deve ser analisada na perspectiva da sua aptidão, como instrumento de concreção dos fins do Estado, como base para a apreciação da sua legitimidade, considerando-se tanto a perspectiva jurídica, quanto a de natureza política e a que se volta para os aspectos éticos.

O que sejam os fins do Estado brasileiro é matéria definida pelo legislador constituinte, nos termos dos arts. 3º e 5º da CF/1988.

---

4. Dimitri Dimoulis, *Dicionário brasileiro de Direito Constitucional*, São Paulo, Saraiva, 2007, p. 285.

5. O uso de aspas na palavra raça se deve ao não reconhecimento, pela biologia, de distintas raças entre humanos. O aparecimento, nos meios de comunicação, de um "conceito social de raça" não é suficiente para tornar compreensível o que seja tal coisa, uma vez que não fica claro se o que se quer dizer é o mesmo que etnia. O problema se torna relevante porque na sociedade brasileira, ao contrário do que sucede na Índia, no Paquistão, na China e em outros países, não existem etnias discerníveis, fato que torna nebuloso o que seja o "conceito social de raça".

Art. 3º. Constituem objetivos fundamentais da República Federativa do Brasil: I – construir uma sociedade livre, justa e solidária; (...); III – erradicar a pobreza e a marginalização e reduzir as desigualdades sociais e regionais; IV – promover o bem de todos, sem preconceitos de origem, raça, sexo, cor, idade e quaisquer outras formas de discriminação.

(...)

Art. 5º. Todos são iguais perante a lei, sem distinção de qualquer natureza garantindo-se aos brasileiros e aos estrangeiros residentes no País a inviolabilidade do direito à vida, à liberdade, à igualdade, à segurança e à propriedade, nos termos seguintes (...).

2.2 Caminhos de uma política pública legítima

Quando se quiser avaliar políticas públicas, devem ser preliminarmente considerados: o inventário dos objetivos da política em comento – abordagem que pode começar pelo critério da ampliação da oferta dos serviços públicos –, em termos quantitativos; o exame dos seus efeitos sobre o aprimoramento da qualidade dos serviços prestados aos usuários das instituições de interesse social; o estudo dos destinatários da ação afirmativa em análise e a sua condição de hipossuficientes; e a natureza dos benefícios que pretende oferecer, para que se observe a condição de mínimo existencial.

Esta última exigência é indispensável para que a discriminação seja considerada como positiva, ações afirmativas ou desequiparações permitidas,[6] conforme se verá na sequência deste estudo. Sem ela, a quebra da isonomia torna-se uma discriminação, sim, mas negativa, transmudando a *eunomia* em privilégio odioso. Além de essencial, o bem ofertado pelas políticas públicas deve guardar relação de pertinência com as desigualdades assinaladas pelo texto constitucional retrocitado.

Continuando a análise, pode-se empreender o estudo da legitimidade da política pública com base nos seus objetivos. Nesta etapa devem ser contemplados: a razoabilidade e a equidade da política pública em exame; o critério da legitimidade jurídica, que guarda relação com o alcance e a efetividade da ação em estudo; o significado político-social da política pública em exame. Uma vez definidos os objetivos, os destinatários, o alcance, a efetividade e o significado da ação pretendida, deve-se verificar se a discriminação supostamente positiva é compatível com os critérios anteriormente referidos. O critério da eticidade também deve

---

6. Uadi Lammêgo Bulos, *Curso de Direito Constitucional*, 3ª ed., São Paulo, Saraiva, 2009, p. 421.

ser considerado. É quando se examinam outros critérios, entre os quais a legitimidade política, a legitimidade jurídica e a eticidade da política pública que se pretende avaliar.

2.2.1 Os objetivos da política pública

A análise de uma política deve começar pelo inventário dos seus objetivos.

Vale repetir que toda política pública deve ter por finalidade a ampliação da oferta dos serviços públicos, em termos quantitativos; o aprimoramento da qualidade dos serviços prestados aos usuários das instituições de interesse social; os destinatários escolhidos pela política pública, que deve objetivar o favorecimento das parcelas mais sacrificadas da população, havidas por hipossuficientes; e a natureza dos benefícios oferecidos por uma política pública, considerando-se o imperativo do mínimo existencial e a superação das desigualdades sociais e regionais, hão de ser sopesados quando da avaliação, seja da sua eficácia, efetividade, natureza pública e até da sua constitucionalidade.

Examinando-se cada um destes aspectos, observam-se os argumentos que se seguem, para sopesá-los criteriosamente.

2.2.1.1 Critério da ampliação da oferta de serviço

A ampliação da oferta de serviços de educação não integra os objetivos da política das chamadas quotas "raciais" e sociais. A finalidade da política antedita é modificar os critérios de seleção de candidatos à matrícula inicial nos estabelecimentos públicos de ensino superior. Não se cogita, nos termos da referida proposta, de nenhum aumento de vagas. O serviço público não será ampliado, pelo que se conclui que o resultado almejado é um simples remanejamento de vagas, não a ampliação do serviço público prestado à sociedade, especificamente às populações mais carentes ou a quem quer que seja.

A alegação de que se dirige aos mais carentes, por ser voltada para alunos de escola pública, ignora o fato de que os concludentes do ensino médio não se inscrevem entre os estratos mais carentes da população brasileira.

Uma política pública voltada para poucos não poderá contribuir para o desiderato constitucional de superação ou redução das desigualdades sociais ou regionais. A parcela das vagas oferecidas pelas quotas em comento representa um número tão limitado de oportunidades que só beneficiará a muito poucos, dentre os numerosos brasileiros em situação socioeconômica desfavorável.

As desigualdades são fortemente influenciadas pelo aspecto quantitativo da sua manifestação histórica. Não pode haver uma igualdade para poucos. Superar desigualdades sociais, percorrendo a via da educação formal, não pode ser um objetivo restrito a um número limitado de eleitos, por mais nobres que sejam os motivos da citada escolha. A redistribuição, sem qualquer aumento, de uma parcela das exíguas vagas dos estabelecimentos públicos de ensino superior não representa ampliação da oferta de um serviço público, nem sequer o seu redirecionamento, em termos expressivos, capazes de modificar a desigualdade social ou regional.

Tratando-se de matrícula em instituições de ensino, o critério de extensão da cobertura deve ser observado, influenciando a avaliação da iniciativa, cuja legitimidade deve ser analisada, considerando, entre outros fatores, a amplitude dos benefícios oferecidos à população, do ponto de vista da parcela de beneficiados no conjunto dos estudantes que concluem o ensino médio, bem como, no conjunto dos carentes e das carências da sociedade.

2.2.1.2   O aprimoramento qualitativo do serviço público

O aprimoramento da qualidade dos serviços educacionais, que é o serviço público aqui estudado, não faz parte dos objetivos da política de quotas "raciais" e sociais, que visa única e exclusivamente à matrícula, em instituições governamentais de ensino superior, de uma pequena parcela dos brasileiros dentre aqueles que sofrem discriminação, por apresentarem fenótipo não branco, quando também sejam originários de escola pública.

Nada sugere que a seletividade destinada a promover uma discriminação positiva venha a repercutir favoravelmente sobre a qualidade do ensino.

O aperfeiçoamento do desenvolvimento cognitivo ou dos métodos didáticos não está entre os objetivos desta discriminação, que se pretende positiva. Os meios materiais necessários aos procedimentos de ensino e pesquisa, tais como laboratórios e outros recursos, não fazem parte da política em comento, nem o fazem quaisquer outras considerações pertinentes à qualidade do ensino, da pesquisa ou da extensão universitária.

A qualidade do ensino não está em jogo na ação afirmativa que aqui se examina.

Pelo contrário, ao criar um processo seletivo menos rigoroso, o Estado oficializa a baixa qualidade do ensino básico e compromete a qualidade do ensino superior oficial.

2.2.1.3 Os destinatários da política pública

As políticas públicas, mormente quando praticadas por meio das denominadas discriminações positivas, devem ter por destinatários os segmentos mais sacrificados da sociedade, já que tais discriminações, também chamadas "desequiparações permitidas" ou "ações afirmativas", "foram consagradas pelo próprio legislador constituinte originário, que se incumbiu de conferir tratamento diferenciado a certos grupos, (...). *Busca-se [com isso] compensar os menos favorecidos*, dando-lhes um tratamento condigno (...)" *[grifo nosso]*.[7]

As quotas para matrículas no ensino superior certamente beneficiarão alguns membros dos estratos sociais menos favorecidos, considerando-se, principalmente o fato de terem destinação restrita aos estudantes oriundos da escola pública. Os efetivamente contemplados, porém, serão a *parcela mais favorecida* dentro dos grupos relativamente desfavorecidos, já que serão aqueles que concluíram o ensino médio, inclusive quando se trate de afrodescendentes e de pardos.

A parcela da população desfavorecida que é beneficiada pelas quotas em comento, todavia, é uma espécie de *elite dos menos favorecidos*. Em primeiro lugar, porque a exigência de haver concluído o ensino médio é excludente em relação aos mais desfavorecidos, uma vez que estes não chegam a concluir o referido grau de escolaridade formal. Em segundo lugar, porque fica mantido o sistema classificatório dentro das quotas, o que – como reflexo da desigualdade entre as escolas consideradas públicas – exclui, mais uma vez, os menos favorecidos dentre aqueles a quem a referida política social supostamente beneficiaria.

Louve-se o respeito ao mérito, que se está contemplando com a consideração feita à seletividade. Mas, conforme a famosa metáfora, não se pode fazer uma omelete sem quebrar os ovos. E os ovos quebrados, nesse caso, foram *a não inclusão dos mais excluídos*. Louvável respeito ao *mérito dos estudantes mais aplicados,* vale repetir. Decisão correta, sob este aspecto. Mas não se diga que se está protegendo *os mais carentes*. Os beneficiados serão *a elite dos não brancos da escola pública*. Isso compromete o fundamento da desequiparação permitida, que é favorecer

---

7. Uadi Lammêgo Bulos, *Curso de Direito Constitucional*, cit., p. 421.

aqueles *mais carentes,* não os *de maior mérito.* Isto é: a exigência do mérito, pela adoção de uma seletividade meritocrática – e consequentemente excludente –, tira o caráter de *benefício aos mais carentes.* Por outro lado, o abandono do critério do mérito daria origem a outros problemas, que serão discutidos oportunamente neste estudo.

Acrescente-se que a condição socioeconômica das famílias dos alunos das escolas da rede pública não é homogênea, observando-se desigualdades significativas no interior deste universo. Escolas mais centrais, ou situadas em bairros mais próximos, em geral apresentam melhor qualidade, tendo melhores instalações, corpo docente mais qualificado e motivado e alunos oriundos de família em condições socioeconômicas mais favorecidas e, portanto, portadores de mais informações, o que os torna uma elite na escola pública. Essa constatação nos devolve ao ponto de origem: para ser eficiente, a política de quotas precisa também de "quotas" para alcançar os verdadeiramente excluídos nas escolas públicas. Teríamos, assim, um "paradoxal sistema de quotas dentro da política de quotas".

2.2.1.3.1 Desigualdades na escola pública

Escolas situadas em bairros mais distantes representam, em geral, uma espécie de exílio de professores e diretores desprestigiados pela administração das secretarias de educação dos estados e municípios. A insegurança do bairro, que se insinua na intimidade da escola, coroa o conjunto de fatores que conspiram contra a qualidade do estabelecimento de ensino público, nos bairros periféricos, de renda extremamente baixa. Além disso, concentram-se neles os alunos das populações mais carentes, aos quais falta apoio familiar que reforce as aulas, o que, juntamente com outros fatores, coloca tais alunos em desvantagem, relativamente aos seus pares das escolas públicas de melhor qualidade.

Os brasileiros que chegam a concluir o ensino médio, ainda que na escola pública – fazendo-o em condições vantajosas em relação a seus pares de outras escolas públicas, cuja qualidade do ensino se mostre inferior, ou em relação aos que nem chegam a concluir o referido grau de ensino –, certamente não se contam entre os mais necessitados. Não se deve negligenciar a importância do fato de que a rede pública de ensino, reconhecidamente menos qualificada que a sua congênere privada, ainda assim apresenta desigualdades abissais entre os seus estabelecimentos, a par de desigualdades significativas entre os seus docentes e discentes.

A simples referência à condição de egresso de escola pública é enganosa. Não existe homogeneidade entre os estabelecimentos de ensino assim identificados. Tratá-los com igualdade, sendo eles desiguais, é negar-lhes a tão lembrada justiça distributiva, apontada como fundamento da discriminação em exame, alegadamente positiva, que deveria consistir em *tratar desigualmente os desiguais, na proporção da desigualdade entre eles,* conforme o princípio da *eunomia.*

2.2.1.3.2 O argumento da proteção do hipossuficiente

É oportuno e conveniente explicitar, de forma individualizada, cada um dos argumentos a considerar, no que concerne aos destinatários da política das quotas "raciais" e sociais, revendo-os esquematicamente, conforme se segue.

A parcela da população a ser beneficiada pelo critério de seletividade baseado nas quotas aludidas é constituída por brasileiros que satisfaçam as seguintes exigências:

(a) ter concluído o ensino médio;

(b) ser oriundo de escola pública;

(c) apresentar fenótipo não branco ou que se declarem nesta condição;

(d) que obtenham as melhores classificações entre os demais concorrentes que satisfaçam as três condições anteriores.

A condição do acesso aos benefícios das chamadas *desequiparações permitidas*,[8] ou a legitimação destas ações afirmativas, deve ser a situação material dos sujeitos a quem se destina o benefício, devendo os destinatários se apresentar em situação desvantajosa para que o benefício seja legítimo, do ponto de vista da proporcionalidade distributiva, inspirada no princípio da *eunomia.*[9] Esta última condição deve ser rigorosamente

---

8. Mesmo que *discriminações positivas* ou *ações afirmativas,* as quais, embora representando a quebra do princípio da isonomia, sejam consideradas legítimas, com base no princípio da *eunomia,* da boa norma, que pretende ser justa, nos termos da proporcionalidade distributiva. Polemiza-se sobre o fundamento da proporcionalidade. Para uns deve ser baseado nas desigualdades das necessidades; para outros deveria ter como arrimo as diferenças relativas às capacidades. Trata-se de polêmica que remonta aos tempos da legislação de Atenas, nos dias do inesquecível legislador Solon.

9. Aqui entendida como boa norma, norma justa. O critério de justo, na atual concepção de *eunomia,* se funda não na igualdade formal, como é o caso da isonomia, mas na proporcionalidade, que contempla a desigualdade material (Evelyne Pisier, *História das Ideias Políticas,* Barueri, Manole, 2004).

observada, sob pena de a discriminação deixar de ser positiva, para se tornar negativa, transformando-se em privilégio, o que acarreta a perda da condição de *eunomia,* do amparo constitucional e da ética, deixando de ser legítima.

A desequiparação permitida, por significar uma quebra da igualdade formal e isonômica, só encontra abrigo na proporcionalidade da *eunomia* quando se destine a contribuir para a concreção do desiderato constitucional, qual seja *a superação das desigualdades sociais e regionais,* como dito. Não se cumpre tal objetivo favorecendo quem não se encontre entre os mais necessitados, não importa que se denomine tal política de *ação afirmativa, discriminação positiva, desequiparação permitida* ou outro nome que se lhe queira dar.

São aspectos típicos da população mais carente, que apresenta desigualdade desvantajosa, mas que não se beneficia da política que aqui se estuda:

(A) a escolaridade deficiente dos pais, obviamente desvantajosa para os filhos;

(B) a exiguidade e desigualdade desfavorável da renda familiar, nos limites da relativa pobreza dos que concluíram o ensino médio, no amplo e diversificado universo das escolas governamentais;

(C) a qualidade diferenciada das escolas públicas em relação umas às outras;

(D) não ter o jovem concluído grau de escolaridade correspondente ao ensino médio.

Tudo isso indica que o sistema de seletividade em âmbito restrito, porque circunscrito ao grupo populacional que se pretende beneficiar com as quotas "raciais" e sociais, embora trate desigualmente alguns desiguais ou algumas desigualdades, não os diferencia na proporção de muitas das suas desigualdades. Deixa de compensar exatamente as desvantagens que acometem as parcelas mais sacrificadas da nossa população, porque *inclui os menos excluídos e exclui os mais excluídos,* nos termos do jargão "politicamente correto". Facilita, sim, as condições de acesso ao ensino superior, mas apenas a uma parcela restrita de alunos. Isto é: são favorecidos, sim, aqueles que se posicionem entre os melhores alunos, nos termos da classificação obtida entre os candidatos ao benefício das citadas quotas. Isso exclui os menos favorecidos entre os integrantes desse grupo. Por outro lado, favorece alguns candidatos, quando procedentes das melhores escolas públicas, o que representa outra forma de exclusão, desfavorável aos mais carentes, que são aqueles oriundos das piores escolas públicas, já que essas escolas são as que estão situadas nos bairros de menor renda, beneficiando, dessa forma, os estudantes procedentes de famílias mais aquinhoadas, entre os alunos das escolas públicas, porque estas não constituem um universo socialmente homogêneo.

Assim, a *elite* da escola pública é favorecida quando cotejada com os seus concorrentes das melhores escolas privadas, nos termos da *eunomia* constitucional. Somente neste restrito campo de comparação, porém, a proporcionalidade invocada pelas quotas em comento pode reivindicar o *status* de boa norma, de norma justa. Quando a comparação recai sobre os estudantes que não concluíram o ensino médio, ou *o fizeram nas piores escolas públicas,* tal discriminação não favorece o segmento mais carente da sociedade, não corresponde à proporcionalidade distributiva que se invoca em seu amparo.

Permanecem *igualmente esquecidos e excluídos*, pela política de quotas, os alunos procedentes das *escolas particulares de baixo padrão*, que não são poucas, e que também são frequentadas por *alunos relativamente pobres*.

Trata-se, pois, de uma política pública que apresenta a singularidade de abandonar o estrato social mais desfavorecido da sociedade à própria sorte, a par de oferecer um *bem sofisticado,* no caso o *ensino superior,* que de maneira alguma pode ser confundido com o "mínimo existencial". Ressalte-se que somente *esse mínimo existencial,* sem o qual não se vive ou não se preserva a dignidade humana, justificaria a quebra da igualdade formal, expressa no princípio da isonomia, em nome da proporcionalidade contida no princípio da *eunomia*.

A Constituição da República Federativa do Brasil é clara, ao definir o que é prioridade em política educacional:

> Art. 208. O dever do Estado com a educação será efetivado mediante a garantia de:
> I – educação básica obrigatória e gratuita dos 4 (quatro) aos 17 (dezessete) anos de idade, assegurada inclusive sua oferta gratuita para todos os que a ela não tiveram acesso na idade própria; *(Redação dada pela EC 59, de 2009. Vide EC 59, de 2009)*
> (...)
> V – acesso aos níveis mais elevados do ensino, da pesquisa e da criação artística, segundo a capacidade de cada um;
> (...)
> § 1º. O acesso ao ensino *obrigatório* e gratuito é direito público subjetivo.

§ 2º. O não-oferecimento do ensino *obrigatório* pelo Poder Público, ou sua oferta irregular, importa responsabilidade da autoridade competente.

A garantia oferecida no *caput* do art. 208, acima transcrito, alcança, nos termos do inciso V, o acesso aos níveis mais elevados do ensino, da pesquisa e da criação artística. Essa garantia, porém, é limitada ao ensino obrigatório pelo § 1º do referido artigo. A obrigatoriedade do ensino, ainda no art. 208, inciso I, é restrita à educação básica. Nem mesmo o ensino médio é beneficiado por essa garantia.

Configura-se assim, em apertada síntese – como um dos aspectos da natureza da política de quotas "raciais" e sociais –, ser tal política uma iniciativa dirigida a um pequeno número de estudantes, porque restrito aos bons alunos das boas escolas públicas; e serem esses poucos alunos relativamente aquinhoados, já que lhes é exigido o ensino médio completo e uma classificação meritocrática, que, por via oblíqua, também é socialmente seletiva, justamente da espécie de seletividade que se pretende afastar com a desequiparação supostamente permitida, aqui em debate. Esse grau de estudos não se encontra entre os brasileiros da parcela mais carente da população.

A política de "quotas" está destinada a oferecer aos seus eleitos um tipo de serviço sofisticado, qual seja, o ensino superior, como se verá na sequência deste estudo. Sendo dirigida aos alunos identificados pelo fenótipo não branco, exclui mais uma parcela do conjunto de alunos de escola pública. Independentemente da proporção de cada segmento, da infinitamente diversificada variedade de fenótipos na realidade do Brasil mestiço, a restrição aos alunos havidos por caucasianos é uma forma de exclusão, por sinal, muito polêmica, para dizer o mínimo.

O Estado brasileiro, conforme decisão do legislador constituinte originário, quer fazer o bem, mas precisa olhar a quem. A quem beneficiará, a quem deixará de beneficiar e até a quem poderá prejudicar. É preciso, ainda, que o Estado brasileiro não se esqueça de sopesar judiciosamente a natureza daquilo que será feito em nome do bem.

Pode-se dizer, esquematicamente, que a política em análise parece ignorar que os mais necessitados não estão entre os brasileiros que já concluíram o ensino médio nas boas escolas públicas. Isso porque os mais carentes não chegam sequer a concluir o ensino fundamental, não sendo contemplados pela iniciativa das quotas "raciais" e sociais em matéria de política pública. Acrescente-se que estas quotas não consideram os brasileiros carentes cujo fenótipo não tenha traços de afro-descendentes

– como se a totalidade da nossa população com traços aproximadamente caucasianos fosse próspera; ou *como se a parcela carente cujo fenótipo corresponda ao tipo caucasiano não tivesse a mesma cidadania dos seus concidadãos, tão pobres quanto eles, mas que tenham a cor da pele, o cabelo ou traços fisionômicos diferentes* – o que representa uma desequiparação não permitida, posto que não escudada nas desigualdades sociais ou regionais, previstas na CF/1988.

Trata-se, pois, de iniciativa inquinada de inconstitucionalidade, sem embargo do que possa dizer o ativismo judicial, notadamente porque, como visto acima, resta por materializar uma fonte de privilégio para a elite da escola pública. Outrossim, parece que, em razão do alegado fato de as nossas elites apresentarem, majoritariamente, traços assemelhados, em variados graus, aos padrões caucasianos, os pobres com esse fenótipo devem ser abandonados.

Registre-se que tal argumento não encontra arrimo no dispositivo constitucional que autoriza discriminações positivas, havidas como favoráveis à superação das desigualdades sociais e regionais. Precisaria, para tanto, aquinhoar os mais desfavorecidos; precisaria proporcionar um bem essencial sem o qual não se viva ou não se preserve a dignidade humana. Somente então justificar-se-ia, nos termos da proposta das citadas quotas, a quebra da igualdade formal, isonômica, com base no princípio da *eunomia*.

Não é o que se conclui, com base no exposto.

2.2.1.4 A natureza dos benefícios ofertados pelas quotas

A natureza do benefício de uma ação afirmativa deve ser o atendimento ao *mínimo existencial*, vinculado ao suprimento dos bens e serviços essenciais, sem o que restaria lesionada a dignidade humana.

> O "mínimo existencial" consiste em um grupo menor e mais preciso de direitos sociais formado pelos bens e utilidades básicas imprescindíveis a uma vida humana digna. Na formulação das políticas públicas, o "mínimo existencial" deve nortear o estabelecimento das metas prioritárias do orçamento. Somente após serem disponibilizados os recursos necessários a sua promoção é que se deve discutir, em relação ao remanescente, quais serão as demandas a merecer atendimento.[10]

10. Marcelo Novelino, *Direito Constitucional*, 2ª ed., São Paulo, Método, 2008, pp. 375-376.

O mínimo existencial deve ser oferecido: com o custeio da sociedade; aos sujeitos mais desfavorecidos sob o aspecto socioeconômico; além de destinar-se ao atendimento das necessidades básicas daqueles a quem beneficia, que é a exigência de *essencialidade* do benefício. Isto é: o conjunto de benefícios ofertados por uma política pública deve contribuir para os objetivos constitucionais que são, em primeiro lugar, satisfazer a condição do mínimo existencial, um bem ou serviço indispensável, invocado para mitigar o princípio da reserva do possível. Exige-se, ainda, que o bem ou serviço oferecido contribua para a superação das desigualdades sociais e regionais, como dito e reafirmado.

Quaisquer bens ou serviços ofertados, cuja natureza se apresente de modo diverso da exigência constitucional, não corresponde à *eunomia*, não representa política social, política pública, ação afirmativa, discriminação positiva ou desequiparação permitida, nos termos do Estado brasileiro, que se rege pela CF/1988. O exame da legitimidade dos meios para a execução de uma política pública deve contemplar os aspectos jurídico, ético e político.

Cumpre ao pesquisador examinar a observância da exigência de essencialidade do benefício que se pretende oferecer por meio de uma política pública. Assim o é porque não há juridicidade, nem razoabilidade ou eticidade na desequiparação, quando não se trate de promover o essencial. Discriminar entre brasileiros com o objetivo de oferecer um bem não essencial deixa de configurar discriminação positiva, desafiando a isonomia sem amparo da *eunomia*, nos termos dos critérios clássicos aqui expostos. Critérios novos vêm sendo invocados em socorro da pretendida proporcionalidade distributiva, conforme se examinará na sequência deste estudo. Comecemos, porém, pelo exame da essencialidade da discriminação proposta.

2.2.1.4.1 A condição de mínimo existencial ou essencialidade do bem

O tratamento proporcionalmente desigual, para ser justo, nos termos da *eunomia* pretendida pelas ações afirmativas, deve buscar legitimidade no ordenamento jurídico, na razoabilidade e na ética, como dito. A consecução de tais objetivos requer, para que não afronte o citado art. 3º da Carta Magna brasileira, as seguintes condições: o favorecimento das parcelas mais carentes da população; a oferta de bens essenciais, na forma do "mínimo existencial", suprindo uma demanda indispensável à vida e à dignidade humana.[11] O mínimo existencial veio mitigar a tese da reserva do possível. Os direitos sociais, impondo obrigações de fazer, criaram prestações positivas. Estas, por sua vez, representam ônus material para o obrigado, que é o Estado. As constituições dirigentes[12] prometeram o Estado do bem-estar, assumindo todas as prestações positivas decorrentes de tão ampla obrigação de fazer. Logo surgiu a discussão sobre a inconstitucionalidade do não cumprimento da promessa de bem-estar.

Os gestores do Poder Executivo, sentindo as vicissitudes das obrigações de fazer, contestaram a alegada inconstitucionalidade, argumentando que:

> Diante desse quadro, em que pesem o idealismo e o entusiasmo dos que se batem pela causa da geração de direitos, a ponto de afirmarem que "a interpretação dos direitos sociais não é uma questão de lógica, mas de consciência social de um sistema jurídico como um todo" *[citando Andréas A. Fabris]*, a despeito desse generoso engajamento, forçoso é reconhecer que a efetivação desses direitos não depende da vontade dos juristas, porque, substancialmente, está ligada a fatores de ordem material, de todo alheios à normatividade jurídica e, portanto, insusceptíveis de se transformarem em coisas por obra e graça das nossas palavras.[13]

A recusa ao cumprimento de promessas constitucionais, além de alegar o caráter meramente programático[14] de certos dispositivos constitu-

---

11. Dignidade humana, que tem como fundamento a razão, é a faculdade que tem o ser humano de avaliar, julgar, ponderar ideias universais; raciocínio, juízo.

12. "Pretende a constituição dirigente, como o próprio nome indica, dirigir a ação governamental do Estado. Propõe que se adote um programa de conformação da sociedade, visando estabelecer uma direção política permanente. (...) para preordenar programas a serem realizados, objetivos e princípios de transformação econômica e social. (...) diverge daquela visão tradicional de constituição que a concebe como lei processual ou instrumento de governo, definidora de competências e reguladora de processos. (...) e o estatuto jurídico do político, o plano global normativo de todo o Estado e de toda a sociedade, que estabelece programas, definindo fins de ação futura" (Uadi Lammêgo Bulos, *Curso de Direito Constitucional*, cit., p. 38).

13. Gilmar Ferreira Mendes, Inocência Mártires Coêlho, Paulo Gustavo Gonet Branco, *Curso de Direito Constitucional*, 2ª ed., São Paulo, Saraiva, 2008, p. 712.

14. "Normas programáticas não contemplam interesses ou direitos regulados em si, mas, apenas, metas ou escopos a serem perseguidos (...) motivo por que desempenham função eficacial *[sic]* de programa (...)" (Uadi Lammêgo Bulos, *Curso de Direito Constitucional*, cit., p. 367).

cionais, passou a esgrimir ainda, conforme a citação anterior, o argumento da reserva do possível assim definido:

> A limitação e a escassez dos recursos materiais disponíveis para o atendimento das infindáveis demandas sociais condicionam a realização das prestações impostas pelos direitos sociais ao volume de recursos susceptível de ser mobilizado pelos Poderes Públicos. Em outras palavras, a onerosidade da implantação dos direitos sociais acaba por condicionar o seu processo de concretização às possibilidades financeiras e orçamentárias do Estado, já que alguns consistem em prestações pecuniárias, enquanto outros implicam em despesas de diversos tipos.[15]

Só assim, a discriminação não será odiosa. Só assim, as desequiparações poderão auferir os benefícios da tutelada jurisdicional, com fundamento constitucional. Exige-se, ainda, que a discriminação, para ser positiva, ofereça alguma contribuição à superação das desigualdades sociais ou regionais, sempre conforme exigência da Carta Política de 1988.

Centradas as cogitações no aspecto relativo ao mínimo existencial, deve ser considerado que:

a) A política de quotas não se refere ao mínimo existencial, porque oferece ensino superior, que não se propõe a oferecer um bem indispensável à vida ou à dignidade humana. Trata-se, pois, da oferta de um bem não essencial.

b) Além de não-essencial, o serviço ofertado tem a natureza de um bem sofisticado, por ser esta a natureza do ensino superior. Sim, a natureza do benefício não é o atendimento de uma necessidade básica, do chamado mínimo existencial.

Os direitos sociais, pelo visto, observam restrições. Não podem atropelar o orçamento, limitados pela reserva do possível, circunscrevendo-se, em sua imperatividade, ao mínimo existencial. *Mutatis mutandis*, os mesmos direitos sociais não podem atropelar a isonomia, salvo quando escudados pela exigência do mínimo existencial.

Fica evidente que, pelo menos sob o aspecto da essencialidade do bem ofertado, assim como, pelo prisma da hipossuficiência dos destinatários, a desequiparação aqui analisada, supostamente permitida, não atende os requisitos constitucionais exigidos para que alcance o *status* de *eunomia*, de boa norma, que é a norma equânime. Também fica evidente

---

15. Marcelo Novelino, *Direito Constitucional*, 2ª ed., São Paulo, Método, 2008, p. 374.

que a exigência de essencialidade é indispensável para a legitimação da quebra da isonomia, assim como o mínimo existencial é exigido para o estabelecimento da prioridade orçamentária.

As quotas "raciais" e sociais limitam-se, como dito, a facilitar o acesso ao ensino superior – que é um bem sofisticado, não essencial – aos estudantes relativamente aquinhoados, que tenham cursado todo o ensino médio, exigindo-se ainda, que o tenham feito em escolas governamentais, o que favorece aos que o tenham feito naqueles raros estabelecimentos de boa qualidade, o que exclui a maioria das escolas públicas. Também ficam excluídos os egressos das *escolas particulares de baixo preço*, os quais não conseguem competir pelos cursos mais seletivos das instituições públicas de ensino superior. Estas escolas são frequentadas por alunos de famílias relativamente carentes, não sendo menos necessitados do que os alunos das poucas escolas públicas de boa qualidade.

Permanecem, portanto, esquecidos os jovens brasileiros mais sacrificados, que são: os analfabetos; os que nem sequer chegaram a concluir o ensino fundamental; os que concluíram o fundamental, mas não chegaram a ingressar no ensino médio; os que ingressaram no ensino médio, mas não o concluíram; e até aqueles que tendo concluído o ensino médio nas piores escolas públicas, ou nas escolas particulares de má qualidade, se encontram excluídos do benefício das quotas por serem considerados caucasianos.

Isso faz da natureza das quotas "raciais" e sociais um privilégio.

2.2.1.4.2 A superação das desigualdades sociais e regionais

A boa norma, fundada na proporcionalidade das desigualdades, deve aquinhoar desigualmente, na proporção das diferenças justas. A proporcionalidade deve expressar uma vantagem concedida a título de compensação por uma desvantagem involuntária. As desvantagens involuntárias dos candidatos ao ingresso nas instituições públicas de ensino superior decorrem, em parte, da má qualidade do ensino da maior parte das escolas dos graus fundamental e médio. Também é uma desvantagem involuntária a condição socioeconômica das famílias de baixa renda. Essas duas condições, de certo modo, se fundem.

A compensação a ser concedida aos egressos de escola de má qualidade não deveria discriminar entre as escolas governamentais de má qualidade e as escolas privadas da mesma condição. O argumento para que se estabeleça tal distinção se funda na condição socioeconômica do aluno, na suposição de que toda escola privada é frequentada por estudantes de família em melhor situação econômica do que os seus pares da escola pública. Até certo ponto este argumento procede. Mas não se deve ignorar a existência das escolas privadas de baixo preço, situadas na periferia das nossas cidades, frequentadas por alunos de famílias de renda semelhante à das famílias dos alunos das boas escolas públicas, ou até mais sacrificadas.

Pode-se redarguir, para justificar a discriminação, que os alunos das escolas privadas de baixo preço, ainda que de famílias relativamente sacrificadas, desfrutam de uma melhor situação que as famílias dos alunos das escolas públicas. Isso é verdade, mas apenas para a média do conjunto das escolas públicas, porque a grande maioria destas é de má qualidade e é frequentada por alunos de famílias de renda baixa. Os alunos beneficiados pelas quotas em comento, porém, serão aqueles procedentes das melhores escolas públicas, não os egressos das piores escolas governamentais, frequentadas pelos hipossuficientes, uma vez que estes serão excluídos das quotas pela seletividade entre os concorrentes aos benefícios ofertados pela discriminação pretensamente positiva, revelada negativa neste momento.

Por força da seletividade do processo classificatório entre os candidatos ao benefício, os alunos que são favorecidos pela iniciativa aqui estudada, procedem das boas escolas públicas. Aqueles que são oriundos das más escolas estatais são excluídos. Os que por isso se beneficiam, por sua vez, não são mais sacrificados – nem do ponto de vista da condição socioeconômica das suas famílias, nem sob o aspecto da qualidade do ensino ministrado nas escolas das quais procedem – do que os alunos oriundos das escolas privadas de má qualidade.

É oportuno lembrar que, nos bairros mais distantes, a maioria das escolas privadas é de *baixo preço e de má qualidade*. Com isso, a grande massa de alunos proveniente desse grupo de estabelecimentos fica alijada do benefício das quotas.

Origina-se em tal situação, uma nova desigualdade, agora entre alunos de escola privada de baixo preço e aqueles procedentes das raras escolas públicas de boa qualidade, pela exclusão dos oriundos dos estabelecimentos privados do benefício concedido aos originários das boas escolas públicas. A condição socioeconômica assemelhada – que se pode observar, entre uns e outros – faz com que a discriminação assim introduzida não encontre amparo na proporcionalidade que se exige da compensação justa, nos termos da *eunomia*. Falta a esta discriminação, para que seja uma desequiparação permitida, a pertinência exigida entre a desvantagem involuntária e a o benefício concedido; e a proporcionalidade da *eunomia*.

Também fica à margem da compensação proposta a grande maioria dos alunos das escolas públicas, porque estas maioria são constituídas por estabelecimentos de péssima qualidade, o que condena os seus alunos ao fracasso diante da seletividade intraquota. Assim, a desvantagem que se pretende corrigir há de ser estudar nas piores escolas públicas. Mas, por força da seletividade intraquota, que favorece apenas os alunos das raras escolas públicas de qualidade razoável ou até mesmo boa, essa situação não é corrigida. Tal benefício, pela raridade das aludidas escolas governamentais de boa qualidade, passa a dirigir-se a uma minoria ínfima, configurando uma peculiar política pública para poucos. Exclui os mais carentes e premia os mais aquinhoados no universo das escolas públicas.

Frustra-se, assim, o alegado propósito de oferecer uma vantagem compensatória aos que se encontram involuntariamente em condição desvantajosa, que é estudar nas escolas públicas de péssima qualidade. Decorre daí a falta de relação de pertinência entre a vantagem oferecida e a desvantagem que se pretende corrigir.

2.2.2 *A legitimidade das políticas públicas*

A multiplicação das discriminações alegadamente positivas tem ensejado, no conjunto dos beneficiados por tais iniciativas, o surgimento de desequiparações marcadas pelo descaso para com as significativas diferenças entre sujeitos erroneamente tratados como iguais. Isso faz da natureza dos benefícios de tais discriminações um privilégio, uma desequiparação, sim, mas com natureza de afronta à isonomia sem o respaldo da *eunomia*.

2.2.2.1 O critério da razoabilidade e da equidade

Uma suposta discriminação positiva, que *ignora desigualdades relevantes*, compromete o argumento da proporcionalidade distributiva. Exemplos de tratamento igual para desiguais é o caso da equiparação de alunos de escolas públicas desiguais. Também os alunos procedentes de escolas particulares de baixo preço e de má qualidade, têm sido tratados como se iguais fossem, relativamente àqueles originários das boas escolas particulares e da rede oficial de ensino. Não se lhes concede nenhuma vantagem compensatória, em evidente desprezo pela diferença desvantajosa de uns em relação a outros, fato que revela os estreitos limites do alcance da política pública em comento.

As quotas em comento, em face deste e de outros aspectos, podem ser questionadas quanto aos requisitos constitucionais exigidos para que a "desequiparação" seja considerada permitida, porque as ditas quotas favorecem os relativamente mais aquinhoados, como dito, enquanto esquecem os mais sacrificados. Além de lesionar a letra do texto constitucional, a equiparação dos desiguais, no âmbito de uma ação que alegadamente visa a promover um tratamento proporcionalmente desigual, para compensar desvantagens, fere a razoabilidade.

2.2.2.2 O critério da legitimidade jurídica

O fundamento constitucional das políticas públicas, nos termos do art. 3º, inc. III, da CF/1988 é "erradicar a pobreza e a marginalização e reduzir as desigualdades sociais e regionais", conforme citação anterior. Consolar e estimular a autoestima não fazem parte dos objetivos sociais do legislador constituinte originário; nem do constituinte autorizado, que legisla para os Estados Federados; ou sequer do constituinte derivado, investido pelo constituinte originário do poder de emenda e reforma constitucional.

Atender aos mais necessitados é o imperativo constitucional. Atender a quem não busca uma necessidade básica, elementar, mas procura uma satisfação sofisticada, um bem ou serviço avançado, como é o caso do ensino superior, não é fundamento para discriminação positiva, podendo converter-se em discriminação odiosa. A natureza do benefício perseguido, não sendo uma necessidade elementar, não encontra arrimo no argumento do provimento do mínimo existencial pelo Estado, nem do ponto de vista jurídico, nem na perspectiva política ou da ética.

O que justifica a discriminação positiva é a satisfação de necessidades sem as quais a própria dignidade humana resta lesionada. Não se pode dizer que a falta de escolaridade superior negue aos brasileiros a dignidade inerente à pessoa natural, tutelada pela Constituição Republicana de 1988.

O fundamento de validade jurídica, como dito, está concentrado principalmente nos arts. 3º e 5º da CF/1988, anteriormente citados. O primeiro destes dispositivos define os objetivos fundamentais do Estado brasileiro, enfatizando a busca da igualdade material. O segundo enfatiza a igualdade formal e as garantias individuais. As quatro exigências clássicas feitas às políticas públicas encontram fundamento de validade na normatividade constitucional aludida. O dispositivo citado é compatível com os aspectos: quantitativo e qualitativo do serviço público; com a essencialidade dos bens ofertados; e com a hipossufiência dos destinatários das ações governamentais, anteriormente analisados neste estudo.

A par disso, novos objetivos foram introduzidos como motivação das ações governamentais, ultrapassando aqueles destinados ao cumprimento das disposições da CF/1988. Afagar o ego dos excluídos, proporcionando-lhes reforço à autoestima, é um critério de política pública que não tem previsão constitucional. Uma possível alegação de previsão implícita é, no mínimo, polêmica. As normas implícitas configuram interpretação extensiva. Esta classe de interpretação não deve ser invocada para restringir direitos. As quotas – além de restringir os direitos dos brasileiros *considerados* "brancos" em relação àqueles *considerados* "não-brancos" – restringem os direitos dos brasileiros procedentes de escolas privadas, beneficiando somente aqueles oriundos de escolas públicas.

A utilidade das políticas para a sociedade também participa do conjunto de fatores que legitimam uma iniciativa governamental, ao lado da demanda da própria sociedade pelo serviço ou pelos bens que se pretende ofertar com uma ação social. Este último aspecto liga-se mais intimamente à legitimidade política dos programas de governo. As políticas públicas devem promover com efetividade a superação das desigualdades, a oferta de bens essenciais, o aperfeiçoamento dos serviços prestados à coletividade e o amparo aos hipossuficientes. *Promover a diversificação da elite, ofertar um serviço sofisticado, sem melhorar a qualidade ou expandir quantitativamente a prestação de serviços*, não atende ao requisito de eficiência do serviço público nem aos objetivos constitucionalmente consagrados.

A aptidão dos meios escolhidos para a obtenção dos respectivos fins é fator importante na avaliação das iniciativas públicas, conforme o art. 37 da CF/1988: "A administração pública direta e indireta de qualquer dos Poderes da União, dos Estados, do Distrito Federal e dos Municípios obedecerá aos princípios de legalidade, impessoalidade, moralidade, publicidade e *eficiência* (...)" (grifos deste estudo). Em se tratando de promover a pacificação da sociedade, a superação das desigualdades, a integração social e a equidade, os meios empregados deverão ser efetivamente aptos a promover os alegados fins de tais políticas, por exigência constitucional, conforme a literalidade do art. 37, da CF/1988.

2.2.2.3 O significado político-social da política pública

A legitimidade político-social das quotas em comento deve contemplar a aptidão da citada ação governamental, tanto sob o aspecto quantitativo como qualitativo. Sob o aspecto qualitativo, pode-se constatar uma peculiaridade comprometedora: a proposta política de quotas "raciais e sociais" para a matrícula nas instituições públicas de ensino superior não é a superação das desigualdades sociais e regionais, conforme deveria ser, por força do mandamento constitucional que arrima as desequiparações permitidas. Mas, conforme explicitamente declarado pelos seus arautos, a referida política visa à criação de uma nova forma de desigualdade, *favorecendo o surgimento de uma elite afrodescendente*.

O seu objetivo não é a erradicação ou sequer a redução da miséria, nem o atendimento do mínimo existencial. O seu objetivo declarado é favorecer um segmento populacional relativamente privilegiado, constituído pelos estudantes que concluíram o ensino médio nas boas escolas públicas, a par de oferecer-lhes um sofisticado bem, qual seja o ensino superior. Caso fosse o mínimo existencial o objeto de suas cogitações, a política em comento não poderia abandonar os mais carentes, como não poderia oferecer um bem sofisticado, como é o caso do ensino superior.

Sob o aspecto quantitativo, verifica-se que a extensão da cobertura dos serviços públicos é, em tese, um dos critérios de eleição das ações governamentais, conforme as exigências da CF/1988, expressas no retrocitado art. 3º, que elenca como objetivos programáticos: a redução das desigualdades; cominado com o art. 37 da nossa Lei Magna, que determina a observância, entre outros princípios, da eficiência dos instrumentos da administração pública.

O alcance e a efetividade das políticas públicas são requisitos da legitimidade político-social, assim como da constitucionalidade das discriminações que se pretendam positivas. A razoabilidade da desconsideração da igualdade formal exige alcance na forma de extensão de cobertura. O sacrifício da isonomia não pode ser social e politicamente legitimado por beneficiar uns poucos. O alcance das quotas é o de uma política que não se propõe a criar uma só vaga no ensino público; não oferece senão uma parcela da exígua fração das vagas do ensino superior ofertadas pelas universidades públicas; oferece um benefício para os poucos que concluíram o ensino médio, aproximando-se da configuração de privilégio; *não* oferece um bem ou *serviço básico*, mas o ensino superior; e *não se propõe a melhorar a qualidade* de um serviço público.

Assim considerado, sem dúvida, o alcance social da política de quotas "raciais" e sociais é muito restrito, além de configurar-se um desvio de objetivos das desequiparações permitidas.

A efetividade de alguma contribuição para a superação das desigualdades e de outras formas de iniquidade é necessária à legitimação da preterição do mandamento constitucional explícito contra qualquer forma de discriminação, nos termos do art. 3º, inc. IV, da CF/1988, anteriormente citado. A política de quotas deveria satisfazer a este requisito, entendendo-se como *efetividade*:

> caráter, virtude ou qualidade do que é efetivo. *1* faculdade de produzir um efeito real. *2* capacidade de produzir o seu efeito habitual, de funcionar normalmente. *3* capacidade de atingir o seu objetivo. *4* realidade verificável; existência real; incondicionalidade. *5* disponibilidade real. *6* possibilidade de ser utilizado para um fim. *7* (...) qualidade do que atinge os seus objetivos estratégicos, institucionais (...).[16]

Isto é: para significar um passo contra as desigualdades e discriminações odiosas, ela deveria alcançar um grande número de excluídos e discriminados. Para isso, seria preciso que se tratasse não de um simples remanejamento de uma pequena parcela das poucas vagas das instituições públicas de ensino superior, mas de uma ampliação significativa da oferta de vagas ou o aprimoramento da qualidade do ensino público. Uma boa política pública no campo da educação deve ampliar quantitativamente e aprimorar qualitativamente um serviço público no âmbito do ensino.

A *efetividade* pode ser entendida como a capacidade de reduzir ou até erradicar a situação que se pretende superar. As quotas não se propõem a reduzir e menos ainda erradicar as desigualdades sociais; visam, antes, à formação de uma elite diversificada quanto ao fenótipo e à origem social. Isso torna polêmica a denominação de "quotas sociais", já que se trata de uma política que não se propõe a diminuir desigualdades, mas a diversificar os desiguais. Sim, a proposta das quotas, vale repetir, é *criar uma elite diversificada,* formada por emergentes afrodescendentes, egressos da pobreza, além de oferecer um consolo à autoestima de uma pequena parcela dos discriminados e excluídos. Mas *consolo* não diminui *desigualdade social* nem erradica a *pobreza* ou *marginalização*, condições que subtraem à política em discussão, não só a legitimidade política, com o arrimo da CF/1988, como a legitimidade político-social.

Resumidamente, a justiça distributiva, para ser jurídica e politicamente legítima, deve *efetivamente* distribuir algum *benefício para muitos*, com alguma qualidade. Não existe justiça distributivista de má qualidade e para poucos. Tal política deve procurar outro nome, distinto de política pública, porque não configura tal coisa.

16. Antônio Houaiss, Mauro de Salles Villar, *Dicionário Houaiss da Língua Portuguesa*, Rio de Janeiro, Objetiva, 2001, p. 1.102.

Assim, a legitimidade das quotas, seja do ponto de vista jurídico, seja do ponto de vista político-social, apresenta-se excessivamente frágil e demasiado polêmica. A integração de todos os brasileiros não será favorecida, como ficou patente. Afirmou-se como meta a renovação e a diversificação da elite social, política e econômica, a integração de todos os brasileiros e a superação das discriminações odiosas. Tal promessa, todavia, se revelou falaciosa. É imperativo que se analise, ao lado do alcance e da efetividade, a *equidade* de tal proposta, quando implementada pela política de Estado.

2.2.2.4 O critério da eticidade

A eticidade estaria contemplada na proporcionalidade motivada pela *eunomia*. Esta é voltada, contemporaneamente, para as desigualdades materiais concernentes às necessidades.

A aristocracia defende o princípio de uma igualdade proporcional, a *eunomia*. Essa aparece por ocasião das primeiras reformas de Sólon e será, retomada, nos séculos V e IV, pelos filósofos hostis ao regime democrático (como Platão em *A República*). A *eunomia* não era uma igualdade perfeita entre os homens. Ela faz a ordem social descansar num "justo equilíbrio", que respeita uma regra de "proporção" entre os seus diversos componentes. (...) Ao contrário, os partidos das reformas democráticas definem os cidadãos a partir de uma norma de igualdade absoluta, a *isonomia*. Esta supõe a existência de uma sociedade em que reina uma equivalência perfeita entre todos os seres humanos. (...) considera que é a pertença a uma mesma cidade que é o critério essencial do reconhecimento da cidadania. (...) A partir do século VI, todos os que participam da vida pública são considerados *homoioi* (semelhantes), depois, um pouco mais tarde, como *isoi* (iguais)".[17]

A eticidade estaria fundada na formação de uma "elite" de fenótipo diversificado, segundo os defensores das quotas, como reforço à autoestima dos excluídos. Formação de uma *nova elite,* qualquer que seja a sua adjetivação, não encontra amparo na *isonomia* nem na *eunomia.*

2.2.3 *Outros critérios de eleição de políticas públicas*

Houve, nos últimos anos, um deslocamento do eixo das cogitações jurídico-políticas e sociais, cuja ênfase passou a recair sobre as discriminações odiosas. Isso se fez em detrimento da igualdade formal, como

---

17. Nay Oliver, *História das Ideias Políticas*, Petrópolis, Vozes, 2007, p. 30.

da própria igualdade material, para favorecer a dimensão simbólica e a psicologia social. A ênfase deslocou-se, desse modo, da *isonomia* para *eunomia*, aqui entendida como boa norma, invocada em nome da busca do que seja o mais justo.

São novos critérios para a formulação e legitimação de políticas públicas: a diversificação da "elite branca"; o reforço à autoestima dos excluídos; a reparação de injustiças históricas; e, por fim, o argumento da suspeita. As quotas "raciais" e sociais para a matrícula nas universidades governamentais merecem exame acurado, na perspectiva desses novos critérios.

2.2.3.1 Diversificação da "elite branca"

Merece registro o fato de que os novos parâmetros não estão contemplados na Carta Republicana de 1988, que é uma constituição dirigente, garantista, programática, analítica.[18] As metas sociais nela enumeradas são a superação das *desigualdades materiais*. Estas devem observar, por imperativo do princípio da reserva do possível, os limites estreitos do mínimo existencial. O *ensino superior* não se enquadra no retrato falado do aludido mínimo existencial, nem a autoestima corresponde às desigualdades materiais do programa constitucional.

Esse benefício seletivo, concedido a *uns poucos* – escolhidos para compor a *nova elite* do País –, serviria de *consolo* para a autoestima da *grande maioria* excluída, cujos componentes, embora sejam os mais carentes e desassistidos entre os alunos do diversificado universo da escola pública, *não são beneficiados* com as ditas quotas "raciais" e sociais. Afinal, conforme os que advogam as referidas quotas "(...) *uma elite nova, equilibrada em diversificação racial*, contribuirá em muito para a construção da sociedade pluralista e democrática que o Brasil requer"[19] (grifos nossos).

Em se confirmando esse presumido *sentimento de consolo* nos que são excluídos das quotas "raciais" e sociais, o *benefício de uns poucos selecionados* poderia até ter um efeito paliativo para os *muitos excluídos*. Assim, as parcelas mais sacrificadas da sociedade, mesmo não sendo beneficiadas, sentir-se-iam realizadas pelo sucesso dos seus "quase-pares"

---

18. As diversas classificações de constituição aqui aludidas se encontram em Dimitri Dimoulis, *Dicionário brasileiro de Direito Constitucional*, São Paulo, Saraiva, 2007.

19. André Costa, *Escritos sobre Racismo, Igualdade e Direitos*, Fortaleza, Instituto Afirmação de Direitos, 2009, p. 53.

– porque relativamente semelhantes – contemplados pela política social dirigida aos relativamente favorecidos, devendo os não contemplados realizar-se por pessoa interposta, à semelhança de uma substituição processual, nas lides forenses.

Isto posto, examinem-se os novos critérios definidores de prioridades governamentais no âmbito das políticas sociais.

A alusão a uma *elite* deveria ser objeto de demarcação minimamente precisa. Quem é elite? Não se observa o devido cuidado de explicitar os limites do grupo social assim qualificado na divulgação de estatísticas referentes à alegada homogeneidade "racial" da "elite branca". Tal afirmação pode até mostrar-se plausível, desde que se diga quem é "elite" e quem é "branco". A origem histórica dos grupos de fenótipo "branco", somada às discriminações odiosas reconhecidamente praticadas contra os "não-brancos", sugere que aqueles estejam presentes em menor número tanto nas camadas mais desfavorecidas da população como no total da população brasileira. Ademais, a miscigenação problematiza sobremodo tal demarcação quanto aos seus limites.

2.2.3.2 A demarcação das "raças"

A declaração livre do candidato ao vestibular, sobre o seu fenótipo, como critério definidor da sua condição de "branco" ou "não-branco", foi adotada porque não é possível estabelecer, com o mínimo de rigor ou seriedade, os limites que separam tais grupos nas condições da diversidade de fenótipos brasileiros. Não seria admissível que se aceitasse tal declaração como forma de reconhecimento de fenótipos, se fosse possível outro critério de identificação dos tipos "raciais".

A impossibilidade de estabelecer limites objetivos, reconhecida no momento da inscrição para o vestibular, como critério de demarcação das "raças", não pode ser superada no momento de definir quem é "branco" ou "não-branco", por ocasião da pesquisa sobre a composição da "elite".[20] O critério – altamente subjetivo e impreciso – da livre declaração por parte da pessoa a ser classificada, nas pesquisas que apontam *a existência de uma elite homogênea de aspecto "branco"*, tende a superestimar o número de "brancos". A própria existência de preconceitos leva muitos "não-brancos" a se declararem brancos, ainda que tenham marcantes traços fenotípicos distintos dos caucasianos. Isso relativiza muito a afirmação segundo a qual a elite brasileira seria "branca", pondo em dúvida

---

20. O uso de aspas na palavra elite pretende sublinhar a imprecisão do conceito de elite, empregado nas estatísticas exibidas a respeito do tema.

a razoabilidade da pretendida diversificação da "elite branca", como prioridade entre as políticas sociais e até a equanimidade de tal proposta.

Pode-se inferir, com base nas considerações aqui expostas, que a tese da diversificação da "elite" enfrenta os seguintes problemas:

(i) A alegada homogeneidade "racial" do ápice da pirâmide social brasileira é demasiado frágil, polêmica e suspeita, seja pela imprecisão do que seja "elite", seja pela ausência de limites claros de quem seja "branco" ou "não-branco".

(ii) Diversificar a "elite", não sendo superação de desigualdades, antes constituindo uma nova forma de desigualdade, não encontra arrimo no programa constitucional, qual seja a superação das desigualdades *materiais* entre os brasileiros.

Assim, tanto do ponto de vista da legitimidade jurídica, como da equidade e da razoabilidade, a meta da diversificação da "elite" mostra-se inconsistente, polêmica e de legitimidade, no mínimo, duvidosa.

2.2.3.3 O reforço à autoestima dos excluídos

O reforço à autoestima dos excluídos, tanto quanto a diversificação da "elite", não se inscreve na categoria do *mínimo existencial*. Nem se constitui em meio de superação de *desigualdades materiais*. Discutindo-se, *de legem ferenda*, a citada política, temos o seguinte quadro: o argumento do reforço à autoestima da grande massa de excluídos, na política de quotas, não beneficia a grande maioria dos excluídos. Seja em face das desvantagens decorrentes das condições sociais, seja por força dos preconceitos contra os sujeitos de fenótipo acentuadamente "não-branco",[21] tal benefício não atinge diretamente a maioria deles, porque, como dito, as quotas não se propõem a aumentar a oferta de um serviço, como não pretendem alcançar os mais carentes, que são os que nem concluíram o ensino médio ou, tendo-o concluído, fizeram-no nas piores escolas públicas ou em escolas particulares de má qualidade.

O benefício proposto promoveria uns poucos sujeitos, separados dentre os muitos excluídos através das quotas seletivas, para lhes proporcionar facilidade de acesso ao ensino superior. Trata-se de uma forma original de benefício social por pessoa interposta; de política social no campo do simbólico, do otimismo quanto aos seus efeitos sobre a autoestima, a subjetividade e as idiossincrasias dos excluídos, que mais uma vez

---

21. Pequenos desvios em relação ao tipo caucasiano, no Brasil, não despertam preconceitos "raciais", sendo o "quase-branco" tratado como branco.

serão marginalizados. Tal otimismo não se relaciona com os benefícios materiais, concretos, susceptíveis de avaliação objetiva, para os socialmente mais frágeis. Cuida-se da subjetividade, da esfera da sensibilidade.

O *simbolismo* de um homem negro governar a nação mais poderosa do mundo é incomensurável. Num mundo marcado por conflitos raciais e sociais, onde as diferenças se tornam desigualdades, em hierarquias, em exclusões sociais e econômicas, a eleição de Barack Obama, *por si só*, é uma mensagem de *otimismo* contra o racismo e, aqui no Brasil, um exemplo a ser seguido na representação política do poder e ocupação dos cargos públicos. Fico a imaginar o impacto desse resultado *na autoestima* das minorias..." (grifos nossos).[22]

Não se deve, todavia, descartar a hipótese de uma amarga reação daqueles que, vendo-se excluídos de uma política pública, se sintam alvo da velha discriminação fundada em fatores socioeconômicos. Tal discriminação torna *emergentes* os seus "quase-pares", sem contudo lhes oferecer materialmente quaisquer vantagens. Não será surpresa, caso venham a sentir-se atingidos por uma discriminação não positiva, mas odiosa, fundada numa seletividade entre os ditos "quase-pares", sem a ponderação da proporcionalidade destinada a compensar a desigualdade material. Os assemelhados em maior ou menor grau de similitude não são alcançados pela iniciativa supostamente compensatória, porque não pondera as diferenças qualitativas entre as escolas públicas e nem outros fatores, como as desigualdades entre as escolas particulares.

Sim, atingidos por essa discriminação, os prejudicados poderão perfeitamente sentir-se ainda mais atingidos em sua autoestima. Assim – além de a hipótese da autoestima contrariar o peculiar critério de definição de políticas sociais, porque se volta para o lado incerto da afetividade, do subjetivismo e das idiossincrasias – a imprevisibilidade das reações personalíssimas poderá transformar o suposto consolo em constrangimento e até em revolta. Pelo visto, trata-se de um critério arriscado, pelo menos quando não se tenha pactuado com aqueles que supostamente se sentirão realizados pelo sucesso de alguns dos seus concidadãos, o que só seria possível na forma de uma consulta popular.

Pode-se dizer, resumidamente, que o inventário de tudo o que o sistema de matrículas por quotas "raciais" e sociais promete consiste em oferecer oportunidade a alguns brasileiros que se encontram no seio de grupos sociais desfavorecidos, mas *em situação mais vantajosa* em face

---

22. André Costa, *Escritos sobre Racismo, Igualdade e Direitos*, cit., p. 58.

de outros membros do mesmo grupo, oferecendo-lhes um processo seletivo diferenciado, socialmente restritivo, beneficiando os mais aquinhoados do grupo social específico; e a formação de uma elite diversificada pela cor da pele e pela origem social.

Quanto à diversificação da origem social da elite, não se deve esquecer a intensa mobilidade social da sociedade brasileira. As nossas elites apresentam, desde sempre, uma variada composição quando observada pelo prisma da origem social.

A mobilidade social na sociedade brasileira apresenta o seguinte quadro:

> O Brasil continua sendo uma sociedade de contrastes. É um país de muita mobilidade e enorme desigualdade. Ao longo do último quarto de século, o Brasil seguiu exibindo um imenso movimento de sobe e desce na estrutura social. (...) as pesquisas sobre mobilidade social têm a capacidade de registrar mudanças de longo prazo e de grande profundidade. (...) O Brasil, no início do século XX era predominantemente rural; a migração rural-urbana era modesta; e a industrialização, ainda incipiente, dava os seus primeiros passos. Os poucos empregos industriais, daquela época, relacionavam-se aos subsetores tradicionais, como o têxtil, o agroindustrial etc. A década de 1920, porém, foi marcada por um aumento da capacidade de produção em varias áreas, em particular nas de energia, cimento, aço, elevando-se também a importação de bens de capital. (...) No período de 1930/1940, ao lado dos novos setores industriais, verificou-se a expansão do comércio, dos meios de transporte e um certo redirecionamento da economia de fora para dentro. (...) Esse crescimento prosseguiu na década de 1950, (...). Os dados coletados em 1973 refletem todas essas mudanças na economia, revelando muita mobilidade social. Em relação aos seus pais, quase 50% dos filhos (47,1%), subiram na escala social; 41,6% ficaram imóveis, permanecendo na mesma posição de seus pais; e 11,3% desceram na escala social. (...) quase 90% dos filhos chegaram a uma situação social igual ou melhor do que a dos seus pais; pouco mais de 10% pioraram.[23]

Uma sociedade marcada por tão intensa mobilidade social, por um lapso de tempo tão prolongado, não é sugestiva de "elite homogênea", sob nenhum aspecto. A definição do que seja "elite"; e do que seja o aspecto homogêneo, no caso "brancos", sem dúvida poderá reservar muitas surpresas à pesquisa histórica e sociológica.

23. José Pastore, Nelson do Vale Silva, *Mobilidade Social no Brasil*, São Paulo, Makron Books, 2000, pp. 1-2.

Sobre a importância da clareza do texto para a qualidade acadêmica já escrevemos:

> (...) é preciso demarcar a fronteira entre a concisão e a lacuna. O trabalho científico não é indiferente às minúcias, como bem o demonstra Barbara Wertheim Tuchman (1912-1989), no capítulo denominado "A História em gramas", em sua obra "A prática da História". Ressalte-se que os detalhes podem ser compatíveis com a concisão, como na obra da autora citada. É preciso distinguir um detalhe supérfluo de outro valioso para a ciência.[24]

A propósito das abundantes estatísticas apresentadas no debate referente à política de quotas, não se deve esquecer que análises de dados exigem especial atenção aos detalhes. Já se disse que:

> Estatísticas iluminam, esclarecem, enganam e persuasivamente ocultam. Nas palavras de Mark Twain, velhas de um século: números muitas vezes iludem, particularmente quando eu mesmo os organizei, um caso no qual a observação atribuída a Disraeli se aplica frequentemente, com força e justiça: há três tipos de mentiras – mentiras, mentiras detestáveis e estatísticas.[25]

Abundantes estatísticas são apresentadas como arrimo do discurso racialista quotista. Comentando tais números, Demétrio Magnoli explica o aumento subitâneo da população negra no Brasil, ao relatar os passos das lideranças racialistas e as suas estatísticas:

> Hasenbalg fez exatamente isso. No seu estudo clássico, publicado em 1979, um ano depois da fundação do Movimento Negro Unificado (MNU), erguia-se um edifício estatístico voltado para demonstrar que "a pobreza tem cor e raça", expressão cunhada mais tarde pelas lideranças racialistas. (...) De Hasenbalg em diante, um incansável esforço estatístico acompanha o *projeto de reinterpretação da sociedade brasileira sobre linhas raciais*.[26]

O que seja "elite", como o que seja "branco", "negro" e outras categorias, é expresso por essas estatísticas, produzidas segundo um

---

24. Rui Martinho Rodrigues, *Pesquisa Acadêmica (como facilitar o processo de preparação de suas etapas)*, São Paulo, Atlas, 2007, p. 88.
25. Demétrio Magnoli, *Uma Gota de Sangue (História do pensamento racial)*, São Paulo, Contexto, 2009, p. 359.
26. Idem, ibidem, pp. 358-359, grifo nosso.

processo que o autor citado denomina "estatísticas no pau de arara", assim descritas:

> O procedimento, (...) não decorre da incompetência técnica, mas da paixão ideológica. Ele funciona para torturar os dados até extrair deles as confissões paralelas de que os pobres são pobres por serem negros e de que a pobreza não "gruda" em pessoas de pele menos escura. Contudo, no Brasil, 1% mais rico da população, constituído essencialmente por "brancos", detém renda superior à dos 40% mais pobres, uma disparidade extrema que puxa para cima todas as médias referentes aos "brancos". As médias escondem os números absolutos de brasileiros pobres que, em 2004, dividiam-se em 34 milhões de "pardos", 19 milhões de "brancos" e 4 milhões de "pretos". Elas ocultam as massas de pobres de pele mais ou menos clara das periferias das cidades do centro-sul, do sertão nordestino e das várzeas amazônicas.[27]

2.2.3.4 Uma política social elitista

Eis a essência da novel política social: beneficiar uns poucos relativamente aquinhoados e formar uma elite diferenciada pelo fenótipo e pela origem social.

A razoabilidade de tal política pressupõe que as elites brasileiras sejam homogêneas quanto à origem social e também ao fenótipo dos seus integrantes. As afirmações nesse sentido têm amparo em dados estatísticos cuja metodologia com que foram produzidos não é divulgada em minúcias, ou, quando o é, revela inconsistências. Este aspecto cresce de importância pelo fato de que a mal estabelecida demarcação das fronteiras entre o que deva ser considerado um brasileiro "branco", "moreno claro", simplesmente "moreno", "mestiço claro", "mestiço escuro", simplesmente "mestiço", e outras variações dos infinitos graus da mestiçagem brasileira, oferece ao estatístico o poder de manusear a seu talante os números relativos à composição "racial" de uma parcela não claramente definida daquilo que vem sendo referido como "elite" brasileira "branca".

A consideração do que seja "elite" adjetivada como "branca" precisaria ser esclarecida. Os números saídos de pesquisas que dizem que a "elite" brasileira é homogênea – na sua brancura – não se fazem acompanhar da explicitação do que seja "elite", nem do que seja "branco". Ademais, tal presunção ignora a mobilidade social vigente na sociedade brasileira. A tese do reforço à autoestima pela via da diversificação da elite "branca" fica assim comprometida.

27. Idem, ibidem, p. 362.

2.2.4 O argumento da reparação histórica

A reparação das injustiças históricas é um dos novos critérios invocados para legitimar novas políticas públicas. Tal iniciativa suscita os seguintes problemas: desafia o princípio segundo o qual *o tempo faz o direito*. Este princípio é invocado na defesa do direito de usucapião; como da prescrição, seja no campo da pretensão punitiva,[28] seja no âmbito da *executória*[29] ou até das obrigações civis. Sim, usucapião, que é uma forma de *prescrição aquisitiva*, e a prescrição civil[30] e processual penal se fundam na tese segundo a qual o tempo faz o direito. Fosse o mundo revisar todas as injustiças históricas, seria desencadeado o *conflito hobbesiano* de todos contra todos.

O segundo problema da tese de que as injustiças históricas devem ser reparadas, decorre da *confusão patrimonial*,[31] no sentido em que é usada a expressão no Direito Civil. Trata-se de situação na qual os patrimônios do credor e do devedor se misturam, tornando-se indiscerníveis um do outro. Exemplo clássico de "confusão patrimonial" é o casamento em regime de comunhão universal de bens, entre devedor e credor. Assim também, a miscigenação quase universal, na sociedade brasileira, dificulta sobremodo a distinção entre credores e devedores das injustiças históricas. Mestiços são, ao mesmo tempo, credores e devedores históricos, em face das aludidas injustiças.

Tal situação se torna ainda mais problemática quando os beneficiários de uma política pública podem, livremente, definir a própria condição de credores do benefício, escolhendo livremente se querem ser "brancos" ou "não-brancos". A reparação das injustiças históricas é um critério polêmico, frágil, de legitimidade duvidosa, não apenas do ponto de vista constitucional, como sob a óptica da razoabilidade, quando se queira legitimar a quebra da isonomia.

---

28. Perda do direito à pretensão punitiva, por parte do seu titular, que é o Estado, em virtude da inércia do titular. Romeu de Almeida Salles Jr., *Código Penal Interpretado*, São Paulo, Saraiva, 1996. É matéria regulada pelo Código Penal brasileiro, art. 109.

29. E. C. Piragibe Magalhães e M. C. Piragibe Magalhães, *Dicionário Jurídico Piragibe*, Rio de Janeiro, Lumen Juris, 2007, p. 934.

30. Perda de um direito, segundo parte da doutrina, ou perda do direito de ação para outros doutrinadores, sempre por inércia do titular, no decurso de prazo estipulado em lei. Marcus Cláudio Acquaviva, *Dicionário Jurídico Brasileiro Acquaviva*, 11ª ed., São Paulo, Editora Jurídica, 2000, p. 1.022 e ss.

31. Ver De Plácido e Silva, *Vocabulário Jurídico*, 18ª ed., Rio de Janeiro, Forense, 2001, p. 202.

2.2.5 O argumento da suspeita

O argumento da suspeita não serve para fundamentar proposições que se pretendam consistentes. A suspeita assacada contra o outro pretende desqualificar o interlocutor, o que não basta para fundamentar o que se propõe; além de ser mera suspeita, sem fundamento suficiente para servir de amparo a uma tese. A suspeita de racismo tem sido lançada contra os críticos da política de quotas. O argumento da suspeita, porém, uma vez introduzido, pode adquirir a dinâmica de um bumerangue, porque quem o introduz se expõe à retorção.

Sim, a suspeita de racismo, se é para se considerar *suspeita* na análise jurídica, política ou filosófica, se encaixa como uma luva nos defensores das quotas. Cuida-se de uma política que distingue entre brasileiros com base no fenótipo dos mesmos; propõe um benefício para alguns cidadãos conforme a aparência branca ou não branca, introduzindo uma classificação "racial" oficial dos nacionais, pela primeira vez em toda a história da República. Alega, por fim, uma "reparação histórica" não muito claramente diferenciada de uma *revanche* histórica.

O argumento da suspeita de racismo deve ser juntado a outra suspeita bastante plausível, que pode ser dirigida aos que a empunham: a suspeita de demagogia, de carreirismo, de exploração dos excluídos, de exploração das injustiças sociais.

2.3 Algumas conclusões

I – Infirmam claramente a tese das quotas como *eunomia*:

1) O critério do aperfeiçoamento da qualidade do serviço público, já que não é esse o objetivo das quotas.

2) O critério da majoração da oferta do serviço público, já que a política de quotas não se propõe a promover o aumento de vagas no ensino superior.

3) O critério da proteção do hipossuficiente, já que os mais sacrificados, não tendo concluído o ensino médio, ou tendo feito tal grau de escolaridade nos piores estabelecimentos públicos, serão excluídos pela seletividade da classificação entre os quotistas.

4) O critério da oferta de um bem essencial, apto a legitimar a desequiparação isonômica, já que formação superior não é um bem essencial, indispensável à vida ou à dignidade humana.

5) O critério da pertinência do bem ofertado com a superação das desigualdades sociais e regionais, já que o objetivo é diversificar a elite,

ao invés de procurar diminuir a distância entre o ápice e a base da pirâmide social.

II – É claramente polêmica, para dizer o mínimo, a fundamentação das quotas, no que concerne aos seguintes argumentos:

1) Na diversificação do fenótipo da elite, porque o que autoriza a quebra da isonomia, nos termos dos dispositivos constitucionais susorreferidos é a superação das desigualdades, não a formação de novas desigualdades.

2) O amparo à autoestima, seja porque a permissão constitucional dada à desequiparação refere-se à superação das desigualdades, não à incerteza e à imprevisibilidade dos resultados de uma iniciativa voltada para a subjetividade dos sujeitos.

3) A classificação racial, agravada pelo convencionalismo ou até a arbitrariedade de qualquer linha divisória entre "brancos" e "não-brancos"; e por ser institucionalização da desigualdade fundada no fenótipo dos brasileiros.

4) A alegação de que a elite social brasileira é branca se reveste de duvidosa plausibilidade, como consequência da fragilidade de qualquer critério de demarcação da fronteira entre "bancos" e "não brancos" e de intensa mobilidade social verificada durante longo período da nossa história.

5) A existência de pobres de aparência branca, na sociedade brasileira, torna assaz problemático o critério de políticas sociais "raciais".

6) O argumento do mérito, necessário à boa formação profissional, conforme o interesse público, quando afastado pelo desempenho dos beneficiários das quotas, que estaria sendo superior ao dos beneficiários da citada iniciativa, torna problemático o argumento da necessidade do próprio benefício; já o excelente desempenho demonstrado por seus beneficiários, nos cursos superiores, introduz uma séria dúvida sobre a necessidade do benefício. Afinal, quem se desempenha tão bem não parece precisar de quotas.

7) O argumento segundo o qual os críticos da política de quotas seriam racistas apresenta dois aspectos demasiado polêmicos: primeiro porque não apoia a política discutida, limitando-se a tentar desqualificar a pessoa dos seus críticos; segundo porque, ao introduzir no debate o argumento da suspeita e a desqualificação do interlocutor, *ipso facto*, autoriza o mesmo procedimento relativamente aos defensores das quotas, que assim se colocam sob a dupla suspeita de racismo e de carreirismo,

em face das inegáveis vantagens que poderão auferir apresentando-se como *defensores dos excluídos*.

8) O argumento da reparação histórica se mostra frágil e polêmico, seja em face dos problemas inerentes à demarcação da fronteira entre os "brancos" e os "não-brancos", seja em razão da dupla condição de credor e devedor, em que se encontram os mestiços, configurando situação análoga ao que o direito civil denomina confusão patrimonial.

2.4 Referências

ACQUAVIVA, Marcus Cláudio. *Dicionário Jurídico brasileiro Acquaviva*. 11ª ed. São Paulo: Editora Jurídica, 2000.

BULOS, Uadi Lammêgo. *Curso de Direito Constitucional*. 3ª ed. São Paulo: Saraiva, 2009.

COSTA, André. *Escritos sobre Racismo, Igualdade e Direitos*. Fortaleza: Instituto Afirmação de Direitos, 2009.

DIMOULIS, Dimitri. *Dicionário brasileiro de Direito Constitucional*. São Paulo: Saraiva, 2007.

HOUAISS, Antônio; VILLAR, Mauro de Salles. *Dicionário Houaiss da Língua Portuguesa*. Rio de Janeiro: Objetiva, 2001.

MAGNOLI, Demétrio. *Uma Gota de Sangue (História do pensamento racial)*. São Paulo: Contexto, 2009.

MARTINHO RODRIGUES, Rui. *Pesquisa Acadêmica (como facilitar o processo de preparação de suas etapas)*. São Paulo: Atlas, 2007.

MENDES, Gilmar Ferreira; COÊLHO, Inocência Mártires; BRANCO, Paulo Gustavo Gonet. *Curso de Direito Constitucional*. 2ª ed. São Paulo: Saraiva, 2008.

NOVELINO, Marcelo. *Direito Constitucional*. 2ª ed. São Paulo: Método, 2008.

OLIVER, Nay. *História das Ideias Políticas*. Petrópolis: Vozes, 2007.

PASTORE, José; do VALE SILVA, Nelson. *Mobilidade Social no Brasil*. São Paulo: Makron Books, 2000.

PIRAGIBE MAGALHÃES, E. C.; e PIRAGIBE MAGALHÃES, M.C. *Dicionário Jurídico Piragibe*. Rio de Janeiro: Lumen Juris, 2007.

PISIER, Evelyne. *História das Ideias Políticas*. Barueri: Manole, 2004.

SALLES JR., Romeu de Almeida. *Código Penal Interpretado*. São Paulo: Saraiva, 1996.

SILVA, De Plácido e. *Vocabulário Jurídico*. 18ª ed. Rio de Janeiro: Forense, 2001.

Capítulo 3
JUSTIÇA E SEGURANÇA JURÍDICA NO DEVIDO PROCESSO LEGAL

CARLOS ROBERTO MARTINS RODRIGUES[1]
RUI MARTINHO RODRIGUES[2]

3.1 Introdução. 3.2 O clamor por reformas. 3.3 O neoconstitucionalismo: 3.3.1 Judicatura, Justiça, paz social e segurança jurídica – 3.3.2 Democracia como o governo das leis, não dos homens – 3.3.3 Espécies normativas, justiça e segurança jurídica – 3.3.4 Paz, segurança jurídica e garantias fundamentais – 3.3.5 Tutela jurisdicional previsível e clareza das normas. 3.4 Algumas conclusões. 3.5 Referências.

> *Não sejas demasiado justo, nem demasiado sábio: por que te destruirias a ti mesmo?*
> Eclesiastes, 7; 16.

3.1 Introdução

O Direito é uma presença universal: encontra-se em todas as sociedades. Conforme o brocardo latino, *ubi societas ibi jus, ubi jus ibi societas.*[3] Assim o é porque a vida em sociedade enseja a ocorrência de pretensões

---

1. Professor titular aposentado da Faculdade de Direito da UFC, Procurador da Fazenda Nacional aposentado, doutor em Direito Constitucional.
2. Professor do Departamento de Fundamentos da Educação, da Faculdade de Educação da Universidade Federal do Ceará (UFC), doutor em História, mestre em Sociologia. bacharel em Administração e advogado.
3. Onde está a sociedade, aí está o Direito; onde está o Direito, aí está a sociedade (traduzido livremente).

resistidas, sendo tal circunstância a própria manifestação do conflito. Por isso o Direito tem como *habitat* a ação intersubjetiva.

Só não haveria lugar para o direito na imaginária hipótese de um ermitão vivendo em local deserto, sem convívio com ninguém e sem a subordinação a um Estado soberano, como no caso do legendário Robinson Crusoé, antes da chegada do índio Sexta-feira à sua ilha isolada do mundo. Indaga-se desde logo, portanto, qual a causa dessa correlação entre sociedade e Direito. E a resposta está na função que o Direito exerce na sociedade: a função ordenadora, isto é, de coordenação dos interesses que se manifestam na vida social, de modo a organizar a cooperação entre as pessoas e compor os conflitos que se verificarem entre os seus membros. A tarefa da ordem jurídica é exatamente a de harmonizar as relações sociais intersubjetivas, a fim de ensejar a máxima realização dos valores humanos com um mínimo de sacrifício e de desgaste.[4]

Instalado o conflito, abrem-se diversos caminhos pelos quais o litígio poderá ser solucionado: a autotutela, a autocomposição, que são soluções parciais, entendendo-se como tal aquela solução decorrente dos atos das próprias partes; ou buscando a resolução imparcial, entendida esta como ato de quem não é parte. A autotutela pode ser a expressão da renúncia à pretensão; como pode significar a submissão de quem resistia à dita pretensão, resistência e pretensão cujo choque gerava o conflito. Outro caminho pelo qual se solucionam os conflitos, agora no âmbito da autocomposição, é a via da transação. Por este caminho as partes cedem, mutuamente, uma fração dos seus interesses, tornando a pretensão, assim mitigada, compatível com a resistência, por sua vez, obtemperada pelas concessões da parte que resistia. A composição pode ainda ser mediada por terceiros, circunstância em que a transação é facilitada pelo processo de conciliação.

Além dos limites da autotutela e da autocomposição ou da conciliação mediada, encontra-se o território da solução imparcial, que pode ser a arbitragem ou jurisdição. Este é o caminho da heterocomposição, assim chamado porque se dá pela ação de terceiro, distinto das partes.

A arbitragem é a opção por uma solução a ser dada por um terceiro, portanto, por alguém que não tenha parte no conflito. Sucede que este alguém não é investido das prerrogativas da magistratura, não detém o

4. A. C. de Araújo Cintra, A. Pellegrini Grinover, C. Rangel Dinamarco, *Teoria Geral do Processo*, 31ª ed., São Paulo, Malheiros Editores, 2015, p. 37.

munus publicum. Trata-se de alguém escolhido pelas partes para solucionar o conflito, fundada a escolha na confiança dos litigantes.

A jurisdição difere da arbitragem porque o terceiro incumbido de solucionar o litígio é o Estado. Trata-se da via do processo judicial, examinada neste estudo. O Estado-juiz substitui as partes para dirimir a peleja. O Estado trilha dois caminhos para promover a justiça e a paz social. O primeiro é a legislação. Por ela, a Sociedade Política define normas de caráter genérico e abstrato. A segunda via é a da jurisdição, que cuida da realização prática daquelas normas, em caso de conflito entre pessoas, encarregando-se de dizer com quem está o Direito.[5]

> Derivado do Latim (ação de administrar a justiça, judicatura), formado, como se vê, das expressões *jus dicere, juris dictio, [o termo jurisdição]* é usado precisamente para designar as atribuições conferidas aos magistrados, encarregados de administrar a justiça. Assim, em sentido eminentemente jurídico ou propriamente forense, exprime a extensão do poder de julgar de um juiz. (...) jurisdição quer significar todo poder ou autoridade conferida à pessoa, em virtude da qual pode conhecer de certos negócios públicos e os resolver.[6]

O poder de império do Estado, com o qual garante o cumprimento da normatividade que emana da legislação, busca legitimar-se. Max Weber construiu três tipos com os quais descreve e classifica as formas de legitimação do Poder político.

São eles: em primeiro lugar, o poder tradicional, mantido pela inércia do costume, pela confiança e o respeito às práticas consuetudinárias, as quais, como que santificam a autoridade.

> Debe entenderse que una dominación es tradicional cuando su legitimidad descansa en la santidad de ordenaciones y poderes de mando heredados de tiempos lejanos, desde tiempo inmemorial, creyéndose en ella en méritos de esa santidad. El señor o los señores están determinados en virtud de reglas tradicionalmente recibidas. (...) No se obedece a disposiciones estatuidas, sino a la persona llamada por la tradición o por el soberano tradicionalmente determinado.[7]

---

5. Idem, ibidem, p. 57.
6. De Plácido e Silva, *Vocabulário Jurídico*, 18ª ed., Rio de Janeiro, Forense, 2001, p. 466.
7. Max Weber, *Economia y Sociedad (esbozo de sociología comprensiva)*, 2ª ed., México, Fondo de Cultura Económica, 1984, p. 180.

Outro tipo de poder é o carismático, que se legitima pelos líderes que interpretam com autenticidade os sentimentos e as aspirações do povo.

> Debe entenderse por 'carisma' la cualidad, que pasa por extraordinaria (condicionada mágicamente en su origen, lo mismo si se trata de profetas que de hechiceros, árbitros, jefes de cacería o caudillos militares), de una personalidad, por cuya virtud se la considera en posesión de fuerzas sobrenaturales o sobrehumanas – o por lo menos específicamente extracotidianas y no asequibles a cualquier otro – o como enviados del Dios, o como ejemplar y, en consecuencia, como jefe, caudillo, guía o líder.[8]

Por fim, o poder racional, ou racional legal, que é exercido pelas autoridades investidas pela lei, devendo haver coincidência, neste caso, entre legitimidade e legalidade.

> La dominación legal descansa en la validez de las siguientes ideas, entrelazadas entre si: 1) que todo derecho, 'pactado' o 'otorgado', puede ser estatuido de modo racional – racional con arreglo a fines o racional con arreglo a valores (o ambas cosas) – con la pretensión de ser respetado, por lo menos, por los miembros de la asociación; y también regularmente por aquellas personas que dentro del ámbito de poder de la asociación (en las territoriales: dentro de su dominio territorial) realicen acciones sociales o entren en relaciones sociales declaradas importantes por la asociación. 2) que todo derecho según su esencia es un cosmos de reglas abstractas, por general estatuidas intencionalmente; que la judicatura implica la aplicación de esas reglas al caso concreto; y que la administración supone el cuidado racional de los intereses previstos por las administraciones de la asociación, dentro de los limites de las normas jurídicas y según principios señalables que tienen aprobación (...) de la asociación. 3) que el soberano legal típico, (...) en tanto que ordena y manda, obedece por su parte al orden impersonal por el que orienta sus disposiciones. 4) (...) el que obedece sólo lo hace en cuanto miembro de la asociación y sólo obedece al derecho.[9]

O Estado moderno busca legitimar-se pela via da autoridade racional legal. A legitimidade da legalidade tem como um dos seus principais sustentáculos o processo legislativo baseado na representação e o processo judicial baseado em normas impessoais, de caráter genérico e estáveis, para o resguardo da segurança jurídica.

8. Idem, ibidem, p. 193.
9. Idem, ibidem, pp. 173-174.

As razões arguidas para legitimar o Estado variam conforme a concepção que se tenha de sociedade política. O Estado pode ser concebido como poder que tem origem natural, como algo que sempre existiu; ou que foi constituído, no curso da História, "para atender às necessidades ou às conveniências dos grupos sociais". Há, ainda, "(...) autores que só admitem como Estado a sociedade política dotada de certas características muito bem definidas (...) *[o que]* não é conceito geral válido para todos os tempos, mas é um conceito histórico concreto, que surge quando nascem a ideia e a prática da soberania (...)".[10]

Por sobre as diferenças que separam as citadas teorias de Estado, a manutenção da ordem, a segurança e o bem-estar social firmaram-se, contemporaneamente, como o escopo da Sociedade Política. Tais objetivos podem ser resumidos em dois: paz social e justiça, quando se tenha o bem-estar social como um imperativo da justiça e a segurança como um dos elementos constitutivos da paz.

A maioria dos autores dá a designação de Estado *a todas as sociedades políticas que, com autoridade superior, fixam as regras de convivência de seus membros*.[11] A convivência assim regulada deve atender aos fins a que o Estado deve servir para legitimar-se.

O direito material destina-se a cumprir o desiderato de fixar as regras de convivência dos membros da sociedade, tendo em vistas os objetivos do Estado. O Estado-juiz, como dito, se propõe a dizer o Direito no caso concreto. Para fazê-lo, adota procedimentos determinados pelas normas do Direito Processual, que por isso é considerado instrumental. Não se deve esquecer que o escopo do Estado é a justiça e a paz social. A normatividade que preside as relações sociais compreende diversas espécies normativas. Há normas morais como há normas religiosas, sociais e, finalmente, jurídicas.

O Estado-juiz apoia-se fundamentalmente, para dizer o Direito no caso concreto, em normas jurídicas, mas deve decidir sempre tendo em vista os fins do Estado: promover a justiça e a paz social. Tais objetivos muita vez são referidos como "interesse social", expressão aqui evitada por seu caráter indeterminado. A chamada "Lei de Introdução às normas do Direito Brasileiro" (Decreto-lei 4.657, de 4.9.1942, na redação da Lei 12.376, de 30.12.2010) no seu art. 5º, comanda: "Na aplicação da lei, o juiz atenderá aos fins sociais a que ela se dirige e às exigências do bem comum".

10. Dalmo de Abreu Dallari, *Elementos de Teoria Geral do Estado*, 16ª ed., São Paulo, Saraiva, 1991, p. 44.
11. Idem, ibidem, p. 43.

A paz social certamente depende da justiça, assim como, reciprocamente, não se usufrui justiça sem paz. O entendimento do que seja paz social é susceptível de determinação definida, ensejando a elaboração de um conceito mais ou menos consensual do que seja tal coisa. Assim, pode-se considerar que:

> Paz é antes de tudo um termo próprio das relações internacionais. Pode referir-se: a) ao fim de determinadas hostilidades, como a paz de Vestfália, a paz de Versalhes. Num sentido mais geral pode indicar: b) a inexistência de hostilidades; c) a amizade verdadeira; ou d) certas instituições que têm sido bem-sucedidas nas suas gestões para o bom relacionamento de dois ou mais Estados ou dos Estados em geral. Santo Agostinho distinguiu a segunda acepção das últimas, observando que a paz verdadeira não é simplesmente a ausência de conflitos, mas uma tranquilidade na ordem.[12]

Certamente que paz, embora possa exigir mais do que ausência de conflito, não pode comportar litígios no seu âmbito. A exigência agostiniana de "tranquilidade na ordem" é incompatível com o conflito e certamente requer segurança jurídica. Não se pode pensar em paz sem segurança jurídica.

Quanto à justiça, forçoso é reconhecer que se trata de um conceito indeterminado.

As sucessivas reformas no processo civil expressam, por certo, a angústia da sociedade brasileira por paz e por segurança jurídica, que afinal é o que se quer quando se busca a tutela jurisdicional para dirimir uma pendenga. Tal ansiedade, somada à proverbial morosidade do aparato judicial brasileiro, produziram um verdadeiro clamor por celeridade processual. Daí até a exigência de flexibilização das normas processuais, em nome da justa reivindicação de celeridade foi apenas um passo.

A busca da justiça e a segurança jurídica, porém, constituem limites à flexibilização das referidas normas. Paralelamente à flexibilização das normas processuais com vistas à superação da morosidade aludida, discutem-se outras causas pelas quais o Poder Judiciário não consegue concluir os processos num prazo razoável.

Discute-se tudo: desde a organização administrativa, passando pela falta de recursos materiais, até o excesso de demandas atribuído ora à prática da lide de má-fé, principalmente pelo poder público, ora imputado a um espírito de intolerância ou ao aventureirismo jurídico, sem que se

---

12. Benedicto Silva, *Dicionário de Ciências Sociais*, Rio de Janeiro, FGV, 1986, p. 875.

deixe de aludir a um crescente desrespeito aos direitos e uma crescente consciência por parte da população, que mostra uma legítima inclinação para a defesa dos seus interesses, atitude facilitada pelo aperfeiçoamento dos serviços de advocacia pública.

O objeto deste estudo cinge-se ao exame da segurança jurídica em face do anseio por justiça. A clareza e a estabilidade das normas processuais – vistas como garantia ou como obstáculo à prestação jurisdicional assegurada a todos em tempo hábil, para que o Estado alcance a realização do seu escopo, que é promover a justiça e a paz social – são consideradas no exame do choque aparente entre justiça e segurança jurídica.

Tais princípios fortaleceram o neoconstitucionalismo, com o grande impacto sobre o Direito Processual, que foi deslocado, como de resto o Direito brasileiro em geral, da sua posição, até então centrado na observância de normas da *espécie regra*, para uma posição mais aberta, porque inclinada à prevalência das normas da *espécie princípio*.

Terá isso o efeito de assegurar decisões mais justas? Poderá a nova orientação restringir a segurança jurídica? A mudança aludida contribuirá para a paz social? Haverá justiça, paz social ou quaisquer outras conquistas se a segurança jurídica for abalada?

Examinem-se os desdobramentos das grandes transformações havidas no Direito Processual, tomando cada um desses aspectos enumerados na sua singularidade, bem como a síntese dos efeitos do conjunto das transformações.

3.2 O clamor por reformas

O historiador do Direito brasileiro, no futuro, ao debruçar-se sobre as reformas do Direito Processual ocorridas nos dias atuais, encontrará um complexo emaranhado de fatores envolvidos e envolvendo as ditas reformas. A narrativa histórica do citado objeto de pesquisa será um grande desafio para o historiador. Querendo oferecer uma versão dos acontecimentos que constitua ou contenha uma ou algumas teses sobre o sentido de tais reformas; e querendo que tal narrativa seja dotada de clareza, poderá proceder a um relato e a uma análise linear dos fatos. Isso porque

> A univocidade dos termos e, por via de consequência, do texto, é uma meta das mais desejáveis num trabalho científico. A polissemia, antípoda da univocidade, é um dos vícios mais graves que se podem cometer. Afinal o discurso que se pretende científico deve se submeter

ao processo de validação que distingue as ditas formulações científicas. Não é possível validar aquilo que não se sabe claramente o que seja. A univocidade plena é um vir a ser. O mesmo pode-se dizer da clareza. Resta ao pesquisador seguir o caminho da menor imprecisão possível. Frases em ordem direta, períodos curtos e simples, narrativa linear (...) pavimentam o citado caminho.[13]

Imbuído do propósito de oferecer uma narrativa de fácil compreensão, o historiador do futuro, ao escrever sobre os nossos dias, provavelmente começará o relato das reformas ocorridas no campo do Direito Processual pelo clamor por reformas. Faça-se, pois, um estudo linear das citadas transformações, começando pela pressão social por mudanças neste campo.

O que teria levado a um verdadeiro clamor por transformações no processo civil? Houve um grande acréscimo da demanda por tutela judicial, levando a um colapso do Judiciário? A sociedade ter-se-ia tornado mais intolerante, transferindo a solução dos conflitos do âmbito da composição extrajudicial para a esfera do Judiciário, resistindo aos esforços de conciliação? Talvez aqui esteja uma pista.

O instituto da arbitragem, devidamente regulamentado, parece subutilizado até hoje. A pregação em favor dos direitos, mais precisamente, a exortação em prol do exercício da cidadania, entendido tal exercício como a exigência intransigente dos legítimos direitos dos cidadãos, somada à frustração histórica de um povo sem cidadania, por certo contribui para uma atmosfera de intransigência e até de intolerância, confundida com virtude cívica. Conciliação pode parecer falta de consciência crítica, descaso para com as obrigações da cidadania. Seria a revanche, em face da histórica falta de acesso à tutela jurisdicional. Isso explicaria ou poderia explicar apenas a explosão de demandas por parte das camadas tradicionalmente excluídas da proteção da lei.

Com efeito, o acesso à justiça, facilitado pela Constituição Federal de 1988 e pelo incremento da oferta de serviços de advocacia pública, teriam ensejado a manifestação de necessidades até então não atendidas. Tal possibilidade merece uma investigação cuja amplitude não pode ser contemplada como apêndice deste estudo.

Por outro lado, uma profunda revolução nos costumes teria ensejado o incremento de conflitos e a transferência da solução destes da sociedade para o Judiciário, multiplicando o número de ações. São exemplos disso

---

13. Rui Martinho Rodrigues, *Pesquisa Acadêmica (como facilitar o processo de preparação de suas etapas)*, São Paulo, Atlas, 2007, p. 93.

os litígios pelo reconhecimento de paternidade, por alimentos provisionais, separação e divórcio, abarrotando as varas de família. Os acidentes de trânsito multiplicaram-se com a popularização do automóvel. Paralelamente proliferam as demandas concernentes aos danos civis e aos crimes de trânsito, ensejando a criação de varas especializadas neste campo, ao lado de uma legislação especial.

A microeletrônica e a informática, por outro lado, criaram novas relações e novas circunstâncias em que se desenrolam relações sociais e jurídicas antigas, de natureza comercial, civil ou criminal, surgindo daí novas situações conflituosas, estimulando o aumento da busca pela tutela jurisdicional.

O consumo de drogas se fez epidêmico ou, mais precisamente, endêmico, exigindo a apreciação judicial das condutas envolvidas com o tráfico das substâncias categorizadas como drogas ilícitas. A carga adicional de demandas judiciais foi de tal ordem, neste campo, que forçou a criação de varas especializadas.

Tudo isso, ao lado de tantos outros fatores, induziu à ampliação das situações susceptíveis de conflito. A procura pela tutela jurisdicional explodiu. O aparato administrativo do Poder Judiciário e os procedimentos processuais não suportaram o dilúvio de ações. Também esta hipótese requer outro estudo, específico.

A democratização teria permitido o incremento de ações contra o Poder Executivo dos diversos entes federativos, assoberbando as varas de Fazenda Pública. O advento de uma atitude de desrespeito ao Direito, inclusive por parte do Poder Público, que insiste em resistir às pretensões mais legítimas de contribuintes e de administrados em geral, ensejando o acúmulo de ações judiciais que se eternizam por força dos recursos obrigatoriamente interpostos pela advocacia da União, ainda que seja notória a legitimidade da pretensão do contribuinte ou do administrado, também estariam na origem de um excesso de demandas difíceis de atender.

Ter-se-ia a sociedade brasileira – desiludida em face de outras expectativas, como as eleições diretas, a redemocratização e a nova Constituição, que trouxe consigo a promessa do Estado do bem-estar social – voltado para o Judiciário, na esperança de que este resolvesse os problemas que os políticos não solucionaram? Isso levaria à politização do Judiciário, entendendo-se como tal a migração da competência para tomar decisões políticas, para optar entre diferentes caminhos para as políticas públicas, chamando a si, ora a função executiva, ora a função legislativa.

A desmoralização dos Poderes Executivo e Legislativo, resultantes de tantos e tão graves escândalos, teria contribuído para deslocar as decisões políticas para a esfera do Judiciário, politizando este Poder, assim levado a legislar positivamente, assim como teriam contribuído para judicializar a política, levando o Congresso Nacional e as agremiações partidárias a buscar a tutela jurisdicional quando chamadas a decidir questões de natureza política. Eis aí mais uma hipótese plausível.

O debate político, por muitos anos, apresentou os problemas da sociedade brasileira como decorrentes da perversidade das elites. A solução para todos os problemas só dependia de vontade política. O voluntarismo simplista, expresso na fórmula segundo a qual bastaria não roubar nem deixar roubar para que tudo se resolvesse, estimulou grandes expectativas, por parte da sociedade, quando das mudanças políticas saídas das urnas. Frustradas tais expectativas, caberia ao cidadão esclarecido obrigar, via Poder Judiciário, o Poder Executivo a resolver os problemas sociais ou de outra ordem.

A Carta Magna de 5.10.1988 prometeu um Estado de bem-estar. Era a Constituição cidadã. Já no preâmbulo se lê:

> Nós, representantes do povo brasileiro, reunidos em Assembléia Nacional Constituinte para instituir um Estado democrático, destinado a assegurar o exercício dos direitos sociais e individuais, a liberdade, a segurança, o *bem-estar*, o desenvolvimento, a igualdade e a justiça como valores supremos de uma sociedade fraterna, pluralista e sem preconceitos, fundada na harmonia social e comprometida, na ordem interna e internacional, com a solução pacífica das controvérsias, (...).

Mais adiante, art. 3º, III, a Carta Republicana de 5.10.1988 comanda: "Art. 3º. Constituem objetivos fundamentais da República Federativa do Brasil: (...) III – erradicar a pobreza e a marginalização e reduzir as desigualdades sociais e regionais".

Trata-se de uma declaração das mais plausíveis, talvez até indispensável, que indica propósitos, direção programática.

Isso estimulou, porém, a ilusão bacharelesca segundo a qual o Direito seria uma panaceia para todos os males. Criou-se um círculo vicioso. E a proposição constitucional tem um pouco da dita influência bacharelesca. Por outro lado, acredita-se que declarações legais, em sentido amplo, têm o poder de promover o bem-estar. Por isso fazem-se tais declarações, inclusive justificando-as como meramente programáticas. Uma vez feitas, as normas aludidas tornam-se argumento em favor da referida crença bacharelesca, pois a Constituição e as leis não contêm palavras vãs. A Constituição diz, logo é para ser cumprido: o bem-estar deve ser decretado e, uma vez decretado, a norma, mormente quando constitucional, deve ter eficácia plena. O que seria norma programática passa a ser exigida como norma de eficácia plena.

Este é um poderoso reforço à tese de que o bem-estar da Europa ocidental pode ser aqui repetido, com os recursos e em face das necessidades brasileiras, pela imposição normativa, de cuja eficácia econômica e social não se duvida. Relega-se ao esquecimento a *reserva do possível*. O quanto custa e quem deverá pagar são indagações consideradas politicamente incorretas.

A natureza programática de determinadas normas é prontamente esquecida. Assim, a tutela jurisdicional deixaria de ser apenas o braço do Estado encarregado de dirimir conflitos, para ser uma instância capaz (e por isso obrigada a fazê-lo) de assegurar o bem-estar, talvez até a felicidade geral. E o debate político jamais contemplou os problemas da *reserva do possível*, já que o bem-estar representa, para o Estado moderno, uma obrigação de fazer, ainda que tal entendimento tenha sido bastante mitigado pela crise fiscal do Estado distributivista até na rica Europa ocidental.

Diferentemente das obrigações de não fazer, dos direitos de primeira e segunda geração, garantidores da liberdade e da igualdade, comodamente solváveis no âmbito das obrigações de não fazer, os direitos sociais exigem do Estado que faça algo de positivo. A ausência de qualquer discussão sobre a *reserva do possível* criou uma ilusão de *onipotência* do Estado.

Aliada esta ilusão ao fato de que os poderes públicos historicamente têm-se conduzido realmente de forma desidiosa; somada tal percepção às denúncias relativas à perversidade das elites, à incapacidade do Judiciário para enfrentar os desafios que se lhe apresentaram... tudo isso levou a um clamor por reformas que tornassem o Poder Judiciário apto a promover o bem-estar social tão ansiosamente aguardado e tão maldosamente negado, segundo raciocínio que orienta o ativismo Judiciário, pelo Poder Executivo e pelo Poder Legislativo. Estes não fazem as leis necessárias ao bem-estar; logo, a magistratura, armada com os princípios constitucionais asseguradores do Estado do bem-estar, deve suprir as lacunas das leis ou interpretá-las conforme a Constituição, para atender aos fins sociais do Estado.

É a politização da função judicante; é a usurpação da função legislativa pelo Judiciário. Mas o clamor pelas reformas terá sido para isso?

Registre-se que tudo isso, de certo modo, convém ao Executivo e ao Legislativo, desviando deles as insatisfações da sociedade e redirecionando-as contra outro ator da História, o Poder Judiciário, sobre o qual passam a recair as reivindicações sociais e políticas. Enquanto se diz que a magistratura tudo pode, transfere-se para os seus ombros a responsabilidade por tudo. Esta é mais uma perspectiva que exigiria um estudo específico.

A desilusão em face da expectativa de transformação radical da sociedade pela via revolucionária colocou em disponibilidade um contingente, talvez pequeno, porém, dotado de voz e de organização para a luta política e, por isso, com grande capacidade de influenciar os acontecimentos históricos. Tal contingente não ficaria inerte. Cruzados, inquisidores e quixotes, como santos guerreiros, ficam sem emprego se lhes faltar um dragão da maldade para combater.

O Judiciário pode ser o alvo perfeito para quem precisa de um inimigo para combater, sob pena de os candidatos ao posto de "santo guerreiro" deixarem de ser heróis e mártires, seja pela falta de um dragão da maldade para combater, seja por lhes faltar uma Dulcinéia para salvar.

Trata-se de mais uma vertente a ser considerada quando do estudo do *tsunami* que se formou, a exigir a reforma do Judiciário.

Talvez mais do que reforma, haja uma inusitada expectativa de revolução pela via judicial. Tudo é possível. Um Congresso conservador e desmoralizado seria ultrapassado por um Judiciário progressista, exarando sentenças *contra legem*, configurando a libertação *do Direito* entendido como legalidade, em favor do Direito entendido como justiça. Eis a síntese do ativismo judicial. Não importa muito que isso viole a separação dos poderes, fundindo, no Judiciário, as funções legislativa, executiva e judicial. Não importa que falte à magistratura representatividade política, o messianismo político não se detém diante de tais firulas.

Não importa muito, para alguns dos que clamam pelas reformas, que simultaneamente se formulem denúncias desabonadoras contra o mesmo Judiciário, cujos poderes se pretende ampliar, pela via das reformas processuais e pelo caminho da consagração do neoconstitucionalismo, que enseja a sentença *contra legem*, fundada na flexibilidade dos princípios constitucionais, facultando ao magistrado fazer o que o Poder Legislativo não autoriza ou até proíbe.

A isso Martim Kriele[14] chama, criticando acrimoniosamente, de libertação *do Direito*, em oposição à libertação *pelo Direito*. Também este

---

14. Martim Kriele, *Libertação e Iluminismo Político (uma defesa da dignidade do homem)*, São Paulo, Loyola, 1983.

aspecto precisa ser considerado, mas apenas para descortinar o panorama do momento histórico do movimento pela reforma do Judiciário e do processo judicial. O estudo de tais considerações mereceria uma pesquisa específica. Não pode ficar ausente, porém, de qualquer reflexão sobre o conflito que desponta no horizonte, entre justiça e segurança jurídica, como escopo da prestação jurisdicional.

Seria o aparato judicial lento, no exercício do mister de dirimir conflitos? Havendo tal lentidão, seria ela a expressão de problemas administrativos? Esta é uma hipótese das mais plausíveis, melhor dizendo, um argumento de peso, mais do que uma simples hipótese, já que se trata de fato público e notório. Trata-se de uma linha de raciocínio que representa um verdadeiro convite à pesquisa empírica, de modo a expor as entranhas do citado fenômeno. Sem dúvida, a percepção deste aspecto contribuiu mais para exigência de reforma do Judiciário do que para a reforma do processo judicial. Melhor dizendo, justificaria mais a reforma do Judiciário do que a reforma das leis processuais. A lentidão do Judiciário não decorreria mais de problemas de natureza administrativa do que das leis processuais, conforme sugerem as diferenças, de Estado para Estado, de celeridade processual?

Teria o Código do Processo Civil, juntamente com as demais normas processuais, responsabilidade pela referida lentidão do Judiciário?

Certamente todas as hipóteses aventadas e fatos enumerados se fizeram presentes na gênese do clamor por reformas do Judiciário, do processo civil, do processo penal e do processo trabalhista, enfim, do processo judicial. A participação relativa de cada um dos fatores elencados na formação da conjuntura política e social que desencadeou tantas insatisfações, talvez jamais seja esclarecida. A influência das normas processuais na celeridade da prestação jurisdicional, porém, é algo que desafia a um estudo perfeitamente factível no âmbito dos fatos, na forma de uma pesquisa empírica.

Maior ainda é a viabilidade de um estudo que se debruce sobre o efeito das reformas das normas processuais sobre os objetivos maiores do Estado democrático, quais sejam, a justiça e a paz social. A participação destes fatores pode perfeitamente ser aquilatada através de um estudo teórico e bibliográfico como este, perquirindo acerca das relações entre as normas positivadas pelas reformas e as garantias fundamentais, as quais se presumem favoráveis à paz e à justiça.

É o que aqui se pretende.

3.3 O neoconstitucionalismo

O debate em torno da processualística brasileira se encontra sob o impacto de amplas e sucessivas reformas do Código do Processo Civil (CPC) e de leis especiais. Tais reformas, como dito, resultam de uma enorme pressão social por maior celeridade e acesso à tutela jurisdicional, assim como para que tal tutela seja mais justa. A pressão aludida se faz, dentre outras coisas, no sentido da superação do juspositivismo, que, vinculando a decisão do magistrado à norma abstrata, fria e, por vezes, distante da realidade sociocultural brasileira, levaria a uma prestação jurisdicional injusta.

As razões susorreferidas somam-se ao argumento em favor de uma processualística centrada em normas da *espécie princípio*, superando-se a predominância da norma da *espécie regra*. Assim, tanto as normas de direito material como aquelas de direito formal estariam subordinadas aos princípios positivados na Constituição republicana de 5 de outubro de 1988. Argumenta-se, com fundada razão, que a Carta Magna é a norma suprema, devendo por isso sobrepor-se às demais normas do ordenamento jurídico pátrio. Daí resulta que não apenas as normas legais do processo, do que é exemplo maior o CPC, como as próprias normas de direito material, têm a sua vigência condicionada à observância dos princípios constitucionais.

Trata-se de lógica irretorquível.

Sucede que as normas processuais, muita vez, integram a espécie normativa adjetivada como de ordem pública,

> (...) norma que tutela a própria *segurança social*, tendo caráter amplíssimo, *v.g.*, aquelas que declaram estado de calamidade pública, o estado de sítio, o congelamento ou o tabelamento de preços. Não se confunde com a norma cogente, pois o âmbito desta é mais limitado, circunscrevendo-se aos atos jurídicos negociais.[15]

O mesmo se verifica com respeito às disposições normativas de caráter de direito material, conforme o excerto citado; e à pressão social por celeridade processual e por mais justiça na prestação jurisdicional, que gerou, por sua vez, uma pressão para se flexibilizar normas e decisões judiciais. Surgiu assim a discussão sobre a flexibilização da coisa julgada. Aí nasce a colisão entre princípios constitucionais, configurando um caso aparente de Constituição *versus* Constituição.

---

15. Marcus Cláudio Acquaviva, *Dicionário Jurídico Brasileiro*, 11ª ed., São Paulo, Editora Jurídica Brasileira, 2000, p. 892.

A substituição das regras por princípio, a abertura à sentença *contra legem* e até a desconstituição da coisa julgada material, feita em razão de uma busca de maior justiça, como dito, na prestação jurisdicional, tem o efeito de abalar as garantias fundamentais:

> Trata-se de fragilizar uma garantia do cidadão contra o Estado, quase sempre com base em fundamentos jusnaturalistas, normalmente utilizados pelos déspotas para justificar as suas arbitrariedades, como nos mostra a História. A segurança jurídica do indivíduo, em face do Poder do Estado, é conquista da sociedade moderna que me parece inexorável e intransigível.[16]

Vê-se que se trata da colisão dos valores justiça e segurança jurídica, conforme preleciona Alexandre Freitas Câmara:

> Um ponto, porém, deve ficar claro desde logo: (...) pôr em confronto dois valores de grande importância para qualquer sistema processual, a segurança (representada pela coisa julgada material) e a justiça (que servirá de fundamento para as propostas de relativização da coisa julgada). Este confronto de valores, registre-se desde logo, não é de fácil solução. Afinal de contas, o processo é instrumento de acesso à justiça, mas não há justiça sem segurança jurídica.[17]

O problema da colisão de valores, referido pelo autor citado, é também uma colisão de princípios, porque estes são a expressão daqueles. Considerando que princípio é vocábulo que teria sido usado por alguns pré-socráticos

> (...) para descrever o caráter do elemento ao qual se reduzem todos os demais, tal elemento seria, enquanto realidade fundamental, "o princípio de todas as coisas". (...) princípio seria 'aquilo de que derivam todas as demais coisas'. (...) seria, portanto, basicamente, 'princípio de realidade'. (...) então o princípio não é o nome de nenhuma realidade, mas descreve o caráter de certa proposição: a proposição que "dá razão de". (...) temos dois modos de entender o "princípio", e esses dois modos receberam posteriormente um nome. O princípio como realidade é *principium essendi* ou princípio do ser. O princípio como razão é *principium cognoscendi* ou princípio do conhecer. (...) se se dá o primado *principium essendi* sobre o *principium cognoscendi*,

---

16. Fredie Didier Jr. (Org.), *Relativização da coisa julgada (enfoque crítico)*, Salvador, Juspodium, 2004, p. 1.

17. Alexandre Freitas Câmara, "Relativização da coisa julgada", in Fredie Didier Jr. (Org.), *Relativização da Coisa Julgada (enfoque crítico)*, Salvador, Juspodium, 2004, p. 3.

temos um princípio filosófico fundamentalmente 'realista', segundo o qual o princípio do conhecimento segue fielmente o princípio da realidade (...).[18]

A acepção filosófica do vocábulo princípio, conforme a citação de Ferrater Mora, reservava-se, nas suas origens, a algo do qual derivam todas as demais coisas. O termo, porém, tem significado empregado em muitos sentidos, razão pela qual Nicola Abgnano afirma que princípio é

> O ponto de partida e o fundamento de um processo qualquer. Os dois significados de "ponto de partida" e de "fundamento" ou "causa" estão estreitamente conexos na noção deste termo, que foi introduzido em Filosofia por Anaximandro, ao qual recorria frequentemente Platão, no sentido de causa do movimento ou de *fundamento da demonstração [grifo nosso]* e do qual Aristóteles foi o primeiro a enumerar completamente os significados.[19]

Os princípios pelos quais a processualística brasileira se inclina a seguir têm o último sentido contido na citação do dicionário especializado em Filosofia. Mas no campo específico do Direito, os princípios podem ser alocados em posição intermediária, conforme se segue:

> Pelo ângulo da norma, constrói-se a *epistemologia* (ciência do direito positivo), à qual pertence a dogmática jurídica, que estuda o Direito como ordem normativa. Os valores éticos do Direito são objeto da *deontologia* jurídica. O fato é estudado pela *culturologia*. Alguns dos princípios gerais do direito processual colocam-se entre a epistemologia e a deontologia, ou seja, entre a norma e o valor ético, no ponto de encontro de ambos.[20]

O neoconstitucionalismo, ao deslocar o Direito da espécie normativa *regra* para a espécie normativa *princípio,* no sentido a que aludem Cintra, Grinover e Dinamarco, provoca uma migração na direção de uma normatividade indeterminada. Isso porque os princípios, conforme salientado, situam-se entre a norma e o valor ético, campo por excelência dos conceitos indeterminados, dependentes de valoração do intérprete da norma, o que subtrai previsibilidade e, com ela, segurança.

18. J. Ferrater Mora, *Dicionário de Filosofia*, t. III, São Paulo, Loyola, 2001, pp. 2.370-2.371.
19. Nicola Abgnano, *Dicionário de Filosofia*, 2ª ed., São Paulo, Mestre Jou, 1982, p. 760.
20. A. C. de Araújo Cintra, Ada Pelegrini Grinover, C. R. Dianmarco, *Teoria Geral do Processo*, cit., 31ª ed., 2015 p. 69.

A *regra* é uma espécie normativa referida a uma conduta claramente definida, conforme o sentido clássico do vocábulo:

> Do latim *regula,* de *regere* (dirigir, reger), entende-se tudo que se dispõe ou que estabelece para servir de modo, de forma ou de ordem, a fim de que sejam conduzidas as coisas ou sejam executados os atos. (...) regra exprime a pauta que deve ser seguida na execução dos atos ou servem para traçar a linha indicativa da ordem ou do modo de proceder. Juridicamente, a regra traz o sentido geral: é o modo de proceder, é a imposição de forma ou a conduta imposta no texto legal.[21]

A posição situada entre a epistemologia e a deontologia confere aos *princípios* do Direito flexibilidade bastante para conviver com as normas da espécie *regra,* sem precisar revogá-las ou subtrair-lhes a garantia, quando se tenha em vista que as *regras* no ordenamento jurídico infraconstitucional são informadas pelos ditos *princípios*.

Regras e *princípios* são assim chamados a prover o exercício da judicatura de meios necessários à realização do escopo de justiça, segurança jurídica e paz social.

3.3.1 Judicatura, Justiça, paz social e segurança jurídica

Tomando-se por pressuposto que uma ordem jurídica seja concebida para o Estado democrático, parece que o corolário deste pressuposto é que o ordenamento jurídico deva observar princípios de inspiração constitucional. Discute-se a subsunção do ordenamento jurídico aos valores e à funcionalidade, entendida esta como a proteção de interesses tutelados pelo Estado, o que vale dizer, pelo legislador constituinte. Assim o é claramente no Direito Penal.[22] Será o processo civil orientado de modo diferente? Certamente que não. Nenhum ramo do Direito poderá esquivar-se à supremacia do Direito Constitucional.

As leis que contêm *princípios constitucionais* são válidas na condição de *regras,* com a especificidade desta espécie normativa, cuja incidência é ou deve ser claramente definida. O Estado e as suas leis, desde que produzidas segundo o devido processo legislativo, são constitucionais até que o Pretório Excelso declare a sua inconstitucionalidade. A isso se chama presunção de constitucionalidade das leis.

---

21. De Plácido e Silva, *Vocabulário Jurídico*, cit., p. 693.
22. A. H. Graciano Suxberger, *Legitimidade da Intervenção Penal*, Rio de Janeiro, Lumen Juris, 2006, p. XI.

A finalidade do Estado comporta diferentes concepções políticas. Todas entregam ao Estado o papel de guardião da paz social.

Diz-se que um Estado foi instituído quando uma multidão de homens concordam e pactuam, cada um com cada um dos outros, que a qualquer homem ou assembléia de homens a quem seja atribuído pela maioria o direito de representar a pessoa de todos eles (ou seja, de ser seu representante), todos sem exceção, tanto os que votaram a favor dele como os que votaram contra ele, deverão autorizar todos os atos e decisões desse homem ou assembléia de homens, tal como se fossem seus próprios atos e decisões, a fim de viverem em paz uns com os outros e serem *protegidos dos restantes homens [grifo nosso]*.[23]

Thomas Hobbes, absolutista assumido, explícito, funda a legitimidade do Poder do Estado na proteção dada aos homens pelo Leviatã, salientando, por esta via, a importância da paz social e da segurança jurídica. Outro clássico do pensamento político moderno, Nicolau Maquiavel, sublinhou a importância da segurança jurídica e da paz social, conforme se segue:

Quando se conquistam Estados habituados a reger-se por leis próprias e em liberdade, há três modos de manter-se a sua posse: (...) terceiro – deixá-los viver com as suas leis, arrecadando um tributo e criando um governo (...). Por intermédio dos seus próprios cidadãos, muito mais facilmente se conservará o governo duma cidade acostumada à liberdade, do que de qualquer outra forma.[24]

É ainda Maquiavel quem ressalta a importância da segurança jurídica manifesta na estabilidade da normatividade, cujos limites definem a liberdade com responsabilidade, ao afirmar:

Tais cidades têm sempre por bandeira, nas rebeliões, a liberdade e suas antigas leis, que não esquecem nunca, nem com o correr do tempo, nem por influência dos benefícios recebidos. Por muito que se faça, quaisquer que sejam as precauções tomadas, se não promovem o dissídio e a desagregação dos habitantes, não deixam eles de lembrar aqueles princípios e, em toda oportunidade, em qualquer situação, a eles recorrem, como fez Pisa, cem anos depois de estar sob o jugo dos florentinos.[25]

23. Thomas Hobbes de Malmesbury, *O Leviatã*, 2ª ed., São Paulo, Abril Cultural, 1979, p. 107.
24. Nicolau Maquiavel, *O Príncipe* (Os Pensadores), São Paulo, Nova Cultural, 1987, p. 21.
25. Idem, ibidem, p. 22.

O pensador florentino, ressaltando a importância da segurança jurídica, enfatiza a necessidade de as leis se apoiarem na força:

> (...) resta-me agora falar a respeito dos meios ofensivos e defensivos que neles *[Estados]* se podem achar necessários. Dissemos acima que é necessário a um príncipe estabelecer sólidos fundamentos; sem isso, é certa a sua ruína. As principais bases que os têm, sejam novos, velhos ou mistos, são boas leis e boas armas. E como não podem existir boas leis onde não há armas boas, e onde há armas boas convém que existam boas leis, referir-me-ei apenas às armas.[26]

Que motivos levariam Maquiavel a preocupar-se tanto com o respaldo que a força deve dar ao direito? O pensador peninsular parece dizer que não há direito sem segurança jurídica, porque a segurança, não o direito, precisa de força. Dito de outro modo: a força é necessária à realização do direito. A segurança, por sua vez, é requisito à tal realização e à sua preservação.

Finalmente, Max Weber, representante de uma concepção de legitimidade política baseada na impessoalidade e na racionalidade das normas de conduta social, a qual denominou "dominação racional legal", além de definir poder como capacidade de obter uma ação ou omissão, pela boa vontade ou não, dos governados, acrescenta que o Estado tem, como uma de suas características principais, o exercício do monopólio da violência.[27]

Tudo isso é segurança jurídica, tudo isso é paz social.

Admitindo-se que ao Estado cumpre garantir a paz social e a segurança jurídica, aquela como objetivo autônomo, na forma de imperativo categórico, esta como meio necessário à justiça e à paz referida. Não há garantia de justiça sem segurança jurídica. Nem pode haver paz social sem a referida segurança. Por isso, há um divisor de águas entre os governos exercidos pela vontade dos detentores do poder, de um lado, e aqueles baseados em normas genéricas, impessoais, com base nas quais o Estado-juiz diz o direito de forma mais previsível, menos sujeita ao entendimento pessoal da autoridade.

3.3.2 Democracia como o governo das leis, não dos homens

A busca de segurança jurídica, fundada na estabilidade das normas e na previsibilidade de tutela jurisdicional, encontra exemplo dos mais

---

26. Idem, ibidem, p. 50.
27. Max Weber, *Economia y Sociedad (esbozo de sociología comprensiva)*, cit.

elucidativos na história da Lei das XII Tábuas. Trata-se de hermenêutica histórica, útil à compreensão do alcance e do significado das normas escritas para a segurança jurídica e para a paz social.

Como regra de ações livre, como disciplina das liberdades em conflito, o Direito positivo veio ao encontro da necessidade social de fixar limites às condutas intersubjetivas. Por isso, a norma de conduta, de caráter imperativo-atributivo e coercível passou a constituir um postulado de segurança e garantia dos cidadãos e a melhor técnica de convivência. Já a lei das XII Tábuas (450 a.C.) fora fruto de aspirações de certeza, garantia e segurança jurídica. Os plebeus, cansados da opressão, refugiaram-se no Monte Aventino. Ao emissário, que lhes enviaram, responderam com a exigência de 'leis escritas'.[28]

A história da Lei das XII Tábuas, criadas a partir de uma rebelião de plebeus que exigiam leis escritas, ansiosos que estavam por segurança jurídica, confirma o brocardo segundo o qual democracia é o governo das leis, não dos homens. Assim o é porque as normas jurídicas têm coercibilidade. Por elas, e só por elas, o cidadão pode ser obrigado a fazer ou deixar de fazer alguma coisa, nos termos da Constituição da República:

> CF/1988, art. 5, *caput*: Todos são iguais perante a lei, sem distinção de qualquer natureza, garantindo-se aos brasileiros e aos estrangeiros residentes no País a inviolabilidade do direito à vida, à liberdade, à igualdade, à *segurança* e à propriedade, nos termos seguintes: (...) II: *ninguém será obrigado a fazer ou deixar de fazer alguma coisa senão em virtude da lei [grifos nosso]*.

3.3.3 Espécies normativas, justiça e segurança jurídica

Necessário se faz, em face do exposto, distinguir entre as espécies normativas, conforme a natureza diversa das mesmas. Genericamente, *norma* é, segundo o abalizado magistério de Antônio Houaiss, *aquilo que regula procedimentos, ou atos, regra, princípio, padrão*.[29] As diferentes acepções do vocábulo exigem, quando se queira um pouco mais de rigor, um exame, ainda que aligeirado, da semântica de cada uma das espécies normativas pertinentes ao estudo que se empreende. O dicionarista citado enumera os seguintes sentidos, além do citado, para o termo norma:

---

28. Dilvanir José da Costa, *Curso de Hermenêutica Jurídica (doutrina e jurisprudência)*, 2ª ed., Rio de Janeiro, Forense, 2005, p. 12.
29. Antônio Houaiss, Mauro Salles Villar, Francisco Manoel Mello Franco, *Dicionário Houaiss da Língua Portuguesa*, cit., p. 2.027.

Padrão representativo do desempenho usual de um dado grupo; avaliação padrão obtida através dos resultados de um teste; conjunto dos preceitos estabelecidos na seleção do que se deve ou não ser; tudo o que é de uso corrente numa língua relativamente estabilizada pelas instituições sociais (...) norma jurídica ou legal, preceito de Direito transformado em lei; disposição legal; (...) costume.[30]

As acepções da linguagem coloquial denotam o caráter polissêmico da palavra *norma*. Todas, porém, devem ter existência objetiva, para o que devem gozar do reconhecimento intersubjetivo, no seio da sociedade. Norma, quando *regra,* regula os procedimentos e atos, fazendo-o de forma clara, tipificando os contornos da conduta prescrita ou proscrita. Quando *princípio,* porém, expressa valores, representa diretrizes idôneas para nortear a definição de regras.

A existência de princípios positivados constitucionalmente significa que a supremacia constitucional orienta o legislador ordinário, indicando-lhe os valores expressos nos citados princípios. Assim o é para que a atividade legiferante os observe ao produzir as regras de que a sociedade necessita, para que os cidadãos possam saber como se conduzir, o que fazer, deixar de fazer, suportar ou repudiar na intersubjetividade da ação social.

As decisões judiciais também são normas, ainda que não apresentem as propriedades típicas das leis, do que são exemplo a abstratividade e o efeito *erga omnes*. Mas constituem emanações do Estado, são dotadas de coercibilidade, declaram, constituem, modificam ou extinguem direito, sempre no caso concreto, pelo que são chamadas de decretos concretos, porque seus efeitos se circunscrevem às partes litigantes, obrigando-as a uma conduta omissiva ou comissiva, mas sempre bem determinada.

Tal situação resulta do fato de que não deve haver sentença ou acórdão indeterminado. Assim o é para que o cidadão não se veja obrigado a condutas imprevisíveis, para que não dependa de entendimentos concebidos na subjetividade do magistrado ou do administrador, com toda a imprevisibilidade que isso representa, com a possibilidade de arbitrariedade que se abre quando se entroniza tal prática.

Daí a reivindicação milenar, já apresentada pelos plebeus no monte Aventino, por leis escritas. Por certo não haverá interesse pela lei das XII Tábuas nem por códigos escritos se os mesmos puderem ser ignorados pelos magistrados quando do exercício da missão de pacificar a sociedade, ocasião em que dizem o Direito. Assim também a tutela jurisdicional

---

30. Idem, ibidem.

perde a capacidade de dirimir os conflitos, se não forem definitivos os seus efeitos.

Os atos jurídicos, por sua vez, não poderão assegurar direitos se, quando aperfeiçoados nos termos da lei vigente, não trouxerem a marca da definitividade. A ansiedade por justiça, acirrada pela visão histórica do advento iminente de uma hecatombe social, decorrente de uma dinâmica perversa da racionalidade da eficiência e da competição, levou à impugnação, no debate jurídico atual, da coisa julgada, do direito adquirido e do ato jurídico perfeito. Acrescente-se, nesta autêntica fórmula do autoritarismo, a convicção, a certeza da justeza das cogitações do doutrinador decisionista, adepto do ativismo judicial. Um pensador falibilista não leva tão a sério as suas próprias previsões catastrofistas, nem as suas fórmulas salvadoras.

Não importa que as garantias sacrificadas representem comandos constitucionais; não importa que a impugnação das mesmas proceda de quem alega a superioridade da Constituição para legitimar sentenças *contra legem*, expressando a contradição de sacrificar a Constituição para cumpri-la; não importa, não importa... Enfim, é preciso que as conquistas do Estado democrático não importem, para que se sacrifique a segurança jurídica e a paz social por uma expectativa de justiça cujos contornos indeterminados são sempre nebulosos.

A argumentação se desloca, destarte, do princípio da supremacia da Carta Magna para o imperativo da afirmação da justiça.

Haveria justiça com o sacrifício da segurança jurídica, das garantias constitucionais? A defesa da superioridade do imperativo da busca por justiça parece haver deslocado as garantias para a obrigação, imposta à autoridade administrativa, assim como ao magistrado, de *motivar* os seus atos.[31] Oculta-se, sob argumento ante-dito, o pressuposto segundo o qual a obrigação de fundamentar os atos da autoridade afastaria a possibilidade de arbitrariedade e de prevalência de critérios equivocados de justiça. Trata-se de pressuposto dos mais otimistas.

Uma autoridade minimamente hábil é capaz de apresentar uma fundamentação em apoio a qualquer decisão, por mais equivocada que seja a deliberação a ser fundamentada.

Seria estabelecida, pela via da fundamentação dos atos da autoridade, com base em princípios constitucionalmente estabelecidos, uma prática

---

31. Princípio da motivação: "determina que a autoridade (...) deve apresentar as razões que a levaram a tomar uma decisão (...)" (Ivan Horcaio, *Dicionário Jurídico*, São Paulo, Editora Primeira Impressão, 2008, p. 1.401).

processual efetivamente apta a fazer justiça. E a paz social encontraria segurança na garantia, não na definitividade, na imutabilidade dos efeitos ou sequer na estabilidade dos atos jurídicos perfeitos, do direito adquirido e da *coisa julgada material*, mas na tutela jurisdicional justa, porque fundada nos mais elevados princípios, positivados pelo legislador constituinte na Carta Republicana de 1988. Além disso, tais princípios seriam livremente submetidos à concreção pelo discernimento da autoridade que se presume esclarecida, sábia e justa. Trata-se de pensamento político autoritário, refratário ao reconhecimento do seu próprio falibilismo, conforme lição de Martinho Rodrigues:

> Identificar a gnosiologia que embasa um pensamento político é passo importante para inventariar o seu léxico, e, principalmente, para desvendar sua sintaxe. Lexicografia e sintaxe dogmáticas apontam para a intolerância política, para a presunção de esclarecimento, de consciência superior, e até para algo assemelhado a uma certa missão histórica, o que nos leva a um passo do messianismo político, com todos os riscos aí contidos.[32]

O otimismo da expectativa de segurança jurídica, assim como a confiança na tutela jurisdicional justa, com base na observância de princípios positivados no texto constitucional, não atenta para a imprevisibilidade do entendimento que a autoridade deverá expressar, com base nos princípios aludidos, positivados na forma de conceitos indeterminados. Tome-se como exemplo o princípio da *moralidade administrativa,* posto no texto constitucional:

> CF/1988, art. 37, *caput*: A administração pública direta e indireta de qualquer dos Poderes da União, dos Estados, do Distrito Federal e dos Municípios obedecerá aos princípios de legalidade, impessoalidade *[até aí regras, já que a norma prescreve condutas bem definidas]*, moralidade *[princípio, já que se trata de norma dependente de valoração, com diversas hipóteses de incidência]*, publicidade e eficiência (...) *[grifos nossos]*.

A observância da norma citada, no que tange à legalidade, impessoalidade e publicidade, apresenta um razoável grau de previsibilidade, de clareza sobre o que seja a conduta prescrita no comando contido no preceito constitucional, respeitados os limites da boa-fé. Afinal, todos sabem o significado desses conceitos, porque eles são razoavelmente

---

32. Rui Martinho Rodrigues, *O Príncipe, o Lobo e o Homem Comum (análise das ideias de Maquiavel, Hobbes e Locke)*, Fortaleza, UFC, 1997, p. 16.

determinados. Mas, o que vem a ser moralidade? Que moralidade é esta que não está expressa no ordenamento jurídico, posto que não se trata de legalidade, embora emane do Estado e seja dotada de coercibilidade? Se fizesse parte do ordenamento jurídico, já estaria coberta pela exigência de legalidade do ato administrativo.

Agora o cidadão *não é obrigado a fazer ou deixar de fazer alguma coisa senão em virtude da lei.* Acrescente-se: ... *e da moral.* Não importa que os limites do que seja *conduta moral* se apresentem mal definidos ou tenham definição altamente polêmica. Mas ainda haverá previsibilidade da tutela jurisdicional? Condutas legais poderão ser *imorais?* Então *leis imorais* são toleradas no ordenamento jurídico pátrio? O comando constitucional que prescreve moralidade poderia tornar inconstitucionais as normas infraconstitucionais que se mostrem permissivas ou lenientes com a imoralidade? O princípio da legalidade passou a ser princípio da legalidade e da *moralidade,* ou a legalidade cede lugar à moralidade? O princípio da legalidade tem por objetivo, entre outras coisas, tutelar a segurança jurídica dos cidadãos, quer seja na condição de administrados, quer na de jurisdicionados. A introdução do princípio da moralidade não mitigou o princípio da legalidade, e com ele a segurança jurídica do cidadão? Caso a moralidade venha a ser regulamentada por lei, passando a usufruir da coercibilidade própria das normas que emanam do Estado, continuará a ser moralidade, ou passará a ser legalidade? Por que a legalidade não basta, sendo preciso reforçá-la com a moralidade? Moralidade pode ser dotada de coercibilidade?

Maria Sylvia Zanella Di Pietro preleciona com segurança sobre o assunto, ao se pronunciar sobre o princípio da moralidade administrativa:

> Nem todos os autores aceitam a existência desse princípio; alguns entendem que o conceito de moral administrativa é vago e impreciso ou acaba por ser absorvido pelo próprio conceito de legalidade. No entanto, antiga é a distinção entre Moral e Direito, ambos representados por círculos concêntricos, sendo o maior correspondente à moral e, o menor, ao direito. *Licitude* e *honestidade* seriam os traços distintivos entre o direito e a moral (...) foi no direito civil que a regra moral se imiscuiu na esfera jurídica, por meio da doutrina do exercício abusivo dos direitos e, depois, pelas doutrinas do *não-locupletamento à custa alheia e da obrigação natural.* Essa mesma intromissão verificou-se no âmbito do direito público, em especial no Direito Administrativo, quando se começou a discutir o problema do exame jurisdicional do *desvio de poder.* (...) muitos autores entendem que a imoralidade se reduz a uma das hipóteses de ilegalidade que pode atingir os atos administrativos (...) ilegalidade quanto aos *fins (desvio de poder).* A

lei que rege a ação popular (Lei 4.717, de 29.6.65) consagrou a tese que coloca o desvio de poder como uma das hipóteses de ato administrativo *ilegal*, (...) a EC4, alterou o parágrafo nono do art. 14, da CF, para colocar a *probidade administrativa [grifos da autora citada]* e a moralidade (...) como objetivos a serem alcançados pela lei que estabelecer os casos de inelegibilidades.[33]

A segurança jurídica do cidadão – e com ela a paz social – não é tão comprometida com a introdução do conceito de moralidade no Direito Administrativo ou no Civil. Afinal, resta ao cidadão a segurança do recurso à tutela jurisdicional. Diferente é a subordinação das garantias fundamentais aos mal definidos princípios constitucionais, do que é exemplo o conceito de *moralidade* ou o de *razoabilidade*. Trata-se de afastar normas constitucionais claras em nome de normas constitucionais mal determinadas.

3.3.4 Paz, segurança jurídica e garantias fundamentais

O direito processual mantém estreita relação com o direito constitucional, conforme dispõe a Carta Política e preleciona a doutrina. Assim, pode-se afirmar que, *além de seus pressupostos constitucionais, comuns a todos os ramos do Direito, o direito processual é fundamentalmente determinado pela constituição em muitos de seus aspectos e institutos característicos*.[34]

A proximidade entre o direito processual e o constitucional pode ser assim descrita:

> É inegável o paralelo existente entre a disciplina do processo e o regime constitucional em que o processo se desenvolve. (...). Todo o direito processual, como ramo do direito público, tem suas linhas fundamentais traçadas pelo direito constitucional, o qual fixa a estrutura dos órgãos jurisdicionais, garante a distribuição da justiça e a efetividade do direito objetivo, estabelece alguns princípios processuais; e o direito processual penal chega a ser apontado como direito constitucional aplicado às relações entre autoridade e liberdade. (...) o direito processual é fundamentalmente delineado pela Constituição em muitos de seus aspectos e institutos característicos. (...) em virtude deles o processo apresenta certos aspectos, como o do juiz natural, o

---

33. Maria Sylvia Zanella Di Pietro, *Direito Administrativo*, 13ª ed., São Paulo, Atlas, 2001, pp. 76-77.

34. A. C. A. Cintra, A. P. Ginover e C. R. Dinamarco, *Teoria Geral do Processo*, cit., 31ª ed., 2015, p. 70.

da publicidade das audiências, (...) o da subordinação da jurisdição à lei, o da declaração e atuação do direito objetivo (...).[35]

Fica estabelecido, pois, que as normas de direito processual firmam-se na autoridade da Carta Política. Assim o é com relação à segurança jurídica, no que concerne ao direito adquirido, à coisa julgada e ao ato jurídico perfeito, conforme o texto constitucional *in verbis*: art. 5º, XXXVI da Constituição Federal – "A lei não prejudicará o direito adquirido, o ato jurídico perfeito e a coisa julgada". Trata-se, como se pode ver, de norma constitucional, e mais: cuida-se de norma da espécie *regra*, com toda a clareza peculiar à espécie normativa referida.

Alegando outros dispositivos constitucionais, parte da doutrina, já fazendo escola na jurisprudência, vem prelecionando no sentido de uma flexibilização das garantias do inciso XXXVI do art. 5º do texto constitucional, do modo como resumidamente se segue:

> Afirmam os citados juristas (...) que, "em face da coisa julgada que viole diretamente a Constituição, deve ser reconhecido aos juízes um poder geral de controle incidental da constitucionalidade da coisa julgada". Sendo assim, a inconstitucionalidade da sentença transitada em julgado poderia ser reconhecida por qualquer juiz ou tribunal, até mesmo de ofício, a qualquer tempo. Esta tendência à relativização da coisa julgada, (...) é que vem prevalecendo na doutrina mais recente, inclusive com reflexos na jurisprudência (como se pode ver, por exemplo, pelo acórdão proferido pelo STJ no recurso especial n. 226.436-PR, de que foi relator o Ministro Sálvio de Figueiredo Teixeira, no qual se afirma expressamente a mitigação da coisa julgada).[36]

Constata-se uma tendência para a relativização das garantias fundamentais, no campo do direito processual constitucional. O autor transcrito reconhece que a coisa julgada é uma garantia constitucional e um direito fundamental. Propõe, em seguida, uma interpretação extensiva do inciso XXXVI do art. 5º, da CF/1988, dizendo:

> A Constituição da República (...) estabelece que o direito adquirido, o ato jurídico perfeito e a coisa julgada estão protegidos contra leis que se destinem a prejudicá-los. Ora, nada há que permita considerar que a retroatividade seja a única forma de se prejudicar tais

---

35. Idem, ibidem, 31ª ed., 2015, p. 97.
36. Alexandre Freitas Câmara, "Relativização da coisa julgada material", in Fredier Dider Jr. (Org.), *Relativização da Coisa Julgada*, Salvador, Juspodivm, 2004, pp. 17-18.

institutos. É claro que a lei retroativa será inconstitucional sempre que prejudicar o direito adquirido, o ato jurídico perfeito ou a coisa julgada. Será, porém, inconstitucional qualquer lei que prejudique aqueles institutos jurídicos, ainda que sem retroagir. Basta pensar, por exemplo, na Lei 9.494/97, que estabeleceu limites territoriais para a coisa julgada formada em processo de "ação civil pública" (...) Tal lei, por prejudicar a coisa julgada, é inconstitucional, ainda que não tenha efeitos retroativos.[37]

Não obstante, o doutrinador transcrito propugna pela relativização da *coisa julgada material*. Alega que nem mesmo as garantias constitucionais estão imunes à relativização, por não haver princípio ou norma de qualquer espécie revestida de caráter absoluto, admitindo que seja possível, com suporte em norma constitucional ou até em norma infraconstitucional, a relativização da coisa julgada. Alega o *princípio da razoabilidade*, que estaria subentendido na garantia do devido processo legal, inserta no inciso LIV do art. 5º da Carta Magna.

Alega ainda o autor citado que o texto constitucional pondera interesses, exemplificando com a relativização do direito de herança, que é limitado por normas infraconstitucionais que tratam da indignidade. Obtemperando a própria relativização, Alexandre Freitas Câmara declara que "não se pode admitir a relativização *[da coisa julgada]* diante da mera alegação de injustiça da sentença".[38]

Na mesma coletânea, Cristiano Chaves de Farias transcreve excerto do acórdão do STJ, anteriormente referido em citação de Alexandre Freitas Câmara:

> (...) na busca sobretudo da realização do processo justo, a coisa julgada existe como criação necessária à segurança prática das relações jurídicas, e as dificuldades que se opõem à sua ruptura se explicam pela mesmíssima razão. Não se pode olvidar, todavia, que numa sociedade de homens livres, a justiça tem de estar acima da segurança, porque sem justiça não há liberdade.[39]

Será possível haver uma sociedade de homens livres, sem segurança? Que garantias darão suporte à liberdade aludida? Que garantia haveria

37. Idem, ibidem.
38. Idem, ibidem, p. 20.
39. Cristiano Chaves de Farias, "Um alento ao futuro: novo tratamento da coisa julgada nas ações relativas à filiação", in Fredier Didier Jr. (Org.), *Relativização da Coisa Julgada*, cit., p. 66.

da própria justiça? O organizador da coletânea citada, em "nota do organizador", refutando a tese da relativização da coisa julgada afirmou:

> As hipóteses de ação rescisória devem ser revistas, tanto aquelas relacionadas a *errores in procedendo* como aquelas que objetivam corrigir injustiças (...); a *querela nulitatis* (ação imprescritível de nulidade da sentença) deve ser mais bem sistematizada, para que se admita a impugnação de decisões judiciais com gravíssimos vícios formais. (...) não se pode permitir a revisão indiscriminada dos julgados por critérios de justiça, o que levaria a um problema: quem garantiria a justiça da segunda solução, que reviu a primeira?[40]

A indefinição *ad eternum* das querelas não traria a certeza de justiça, antes poderia trazer a certeza de injustiça, uma vez que a justiça que não se define não se realiza, não se havendo alcançado assim a justiça pela qual se sacrificaria a segurança. Afinal, quantas ações, após o trânsito em julgado da decisão judicial, seriam permitidas, e por quanto tempo, em nome da realização da justiça? Registre-se, ainda, que, sem que os litígios sejam dirimidos, a função jurisdicional deixa de se cumprir. Sem função jurisdicional não há resolução das pendengas. Sem solução dos conflitos não há paz social. Isto é: sem segurança jurídica não há paz nem justiça.

3.3.5 Tutela jurisdicional previsível e clareza das normas

A subordinação da jurisdição à lei – assim como a obrigação de declaração e atuação do direito objetivo, aludida em anterior citação de Cintra, Grinover e Dinamarco – objetiva a segurança jurídica. A devolução do processo à apreciação judicial, pela via recursal, requer o conhecimento por parte do interessado, do dispositivo do direito objetivo em que se fundou a decisão judicial, para que possa contestá-la. Também é uma limitação imposta à competência jurisdicional, que não pode ser ilimitada, sob pena de tornar-se absoluta. Tal limite se concretiza por meio de uma fórmula simples, que restringe o exercício do *munos publicum*, vinculando-o à norma jurídica, ao direito objetivo. E tal vinculação será tanto maior, quanto maior for a clareza da norma.

Conceitos determinados são mais claros do que os indeterminados. Regras são mais claras que princípios, sem afastar os ditos princípios, já que as primeiras se inspiram nos últimos. Cuida-se de uma fórmula com a qual se busca afastar o arbítrio.

Afinal direito objetivo nada mais é do que

---

40. Fredier Didier Jr., *Relativização da Coisa Julgada*, cit., pp. 1-2.

(...) regra social obrigatória imposta a todos, quer venha sob a forma de lei ou mesmo de costume, *que deva ser obedecido*. É a *norma agendi*, reguladora de todas as ações do homem, em suas múltiplas manifestações e de todas as atividades das instituições políticas, públicas ou particulares. Opõe-se ao direito subjetivo que (...) revela-se o poder e a faculdade outorgados às pessoas e às instituições (...) *[grifos nossos]*.[41]

A vinculação obrigatória dos atos da autoridade, seja ela administrativa ou judicial, aos ditames do direito objetivo representa a garantia do império da lei, que é o governo da lei e não dos homens; é a garantia de previsibilidade da tutela jurisdicional, sem a qual não há segurança jurídica, nem justiça, nem paz. E sem o império da lei não há democracia.

3.4 Algumas conclusões

A tradição romano-germânica, a que se filia o Direito luso-brasileiro, é marcada pela normatividade, entendida como a prevalência da norma escrita, não do direito consuetudinário, não da jurisprudência. O meio eletrônico, facilitando a consulta aos julgados dos tribunais, a influência da tradição anglo-saxã no mundo globalizado, ao lado da má qualidade dos textos legais produzidos por um Congresso onde não existem maiorias definidas em torno de propostas, se somam para conspirar contra a tradição normativa do direito romano-germânico.

A falta de uma maioria no Legislativo, fragmentado em numerosos partidos, exige a adoção de composições ecléticas na elaboração das leis, para que sejam aprovados os projetos legislativos. Tal ecletismo prejudica a clareza da lei, além de outros aspectos. Surge, assim, a necessidade de o Judiciário redefinir a norma, dizendo algo como "onde se lê X, leia-se Y". Isso fortalece a tendência para a formação de um direito jurisprudencial, à moda anglo-saxã. Tal não convém ao ordenamento jurídico brasileiro. Uma mudança de tamanho vulto exigiria outras mudanças tão grandes que, por sua vez, exigiriam outra Constituição.

Introduzir elementos isolados, próprios de um ordenamento jurídico distinto do direito brasileiro, no seio deste, engendra uma situação desconexa de todo indesejável.

41. De Plácido e Silva, *Vocabulário Jurídico*, 18ª ed., Rio de Janeiro, Forense, 2001, p. 276.

A garantia constitucional do duplo grau de jurisdição,[42] amparada por um sem-número de recursos, somada à possibilidade de ações autônomas, como a ação rescisória e a *querela nulitatis*, ao lado de outros meios, não bastam para promover a justeza da prestação jurisdicional? Será necessário ampliar inda mais as possibilidades de revisão das decisões? Isso não retardaria indefinidamente a resolução dos litígios? Registre-se que a ausência de decisão representa a ausência da tutela jurisdicional justa, em nome da qual se pretende flexibilizar as garantias fundamentas do devido processo legal.

A superação do juspositivismo, com toda a estreiteza da literalidade que o acompanha, justificaria a adesão sôfrega ao "decisionismo",[43] com a prerrogativa de afastar garantias constitucionais, dadas em troca da obrigação de fundamentar a decisão? O famoso "jeitinho brasileiro" desaconselha um passo tão arrojado.

A flexibilidade de uma justiça principiológica, simplesmente obrigada a fundamentar suas decisões com base em princípios de alcance e significado elásticos, ampliaria excessivamente a discricionariedade da autoridade. Este não é o caminho da justiça, nem da segurança jurídica e da paz social ou da democracia, num País com fortes resíduos do Estado patrimonial burocrático, herdados da formação histórica brasileira, conforme relata Raymundo Faoro, em seu *opus magnum Os Donos do Poder*.[44]

O limite à substituição do legislador pela autoridade, esteja a referida autoridade incrustada no Poder Executivo ou Judiciário, deve ser a norma escrita. Tal limitação só tem a perder em eficácia se for substituída por um simples vínculo a uma fundamentação referida a princípios, constituídos estes por conceitos indeterminados. Menos aconselhável se torna tal opção, quando se tenha uma conjuntura marcada pela tentação de usurpar a função legislativa, em consequência da desmoralização do Congresso, ainda que o "denuncismo" possa salpicar também na toga do Judiciário.

O ato jurídico perfeito, o direito adquirido e a coisa julgada –, exemplos de garantias fundamentais –, são as balizas dentro das quais os

---

42. A consideração segundo a qual o duplo grau de jurisdição é uma garantia constitucional tem caráter polêmico. Não é consenso, embora seja majoritária na doutrina.

43. Por decisionismo entende-se a tendência que se verifica entre alguns profissionais do Direito, para decidir com base no seu próprio discernimento do que seja justo, quando deveria conduzir-se de modo vinculado à norma do direito positivo.

44. Raymundo Faoro, *Os Donos do Poder*, 6ª ed., Porto Alegre, Globo, 1984-1985, 2 vols.

princípios, ainda quando constituídos por conceitos indeterminados, deverão ser usados, cumprindo a função da integração do Direito, suprindo lacunas, omissões e obscuridades do legislador. Garantias constitucionais protegem direitos fundamentais e estão apoiadas na supremacia da Constituição, uma vez que integram o texto da Carta Política brasileira.

Tais garantias são normas públicas, representam o interesse público, com a peculiaridade de tratar-se de um interesse público reconhecido pelo legislador constituinte, não por um magistrado ou por um tribunal. Logo, flexibilizar tais garantias é desconstituir norma pública, norma constitucional, garantia fundamental, assim reconhecida pelo legislador constituinte, confiando apenas no discernimento da autoridade judicial.

Trocar a segurança jurídica por um conceito indeterminado de justiça, que deverá brotar das cogitações de um magistrado ou de um tribunal, é substituir a legitimidade da representatividade do Congresso pela suposta legitimidade da sabedoria e da virtude do magistrado ou da autoridade administrativa. Isso subverte a separação dos poderes, o sistema de freios e contrapesos e enfraquece a segurança jurídica.

A busca da justiça ao preço do sacrifício da segurança jurídica, e com ela da paz social, invocando tanta sabedoria principiológica e tanto espírito de justiça, parece desafiar o sábio conselho do Eclesiastes: *Não sejas demasiado justo, nem demasiado sábio; por que te destruirias a ti mesmo?*[45]

3.4 Referências

ABGNANO, Nicola. *Dicionário de Filosofia*. 2ª ed. São Paulo: Mestre Jou, 1982.
ACQUAVIVA, Marcus Cláudio. *Dicionário Jurídico Brasileiro*. 11ª ed. São Paulo: Editora Jurídica Brasileira, 2000.
BONAVIDES, Paulo. Teoria Geral do Estado. 15ª ed. São Paulo: Malheiros Editores, 2015.
CÂMARA, Alexandre Freitas. "Relativização da coisa julgada", in DIDIER Jr., Fredie (Org.). *Relativização da Coisa Julgada (enfoque crítico)*. Salvador: Juspodivm, 2004.
CÂMARA, Alexandre Freitas. "Relativização da coisa julgada material", in DIDER JR., Fredier (Org.). *Relativização da Coisa Julgada*. Salvador: Juspodivm, 2004.
CINTRA, A. C. de Araújo; GRINOVER, A. Pellegrini; DINAMARCO, C. Rangel. *Teoria Geral do Processo*. 310ª ed. São Paulo: Malheiros Editores, 2015.

---

45. Eclesiastes, 7; 16.

COSTA, Dilvanir José da. *Curso de Hermenêutica Jurídica (doutrina e jurisprudência)*. 2ª ed. Rio de Janeiro: Forense, 2005.

DALLARI, Dalmo de Abreu. *Elementos de Teoria Geral do Estado*. 16ª ed. São Paulo: Saraiva, 1991.

DI PIETRO, Maria Sylvia Zanella. *Direito Administrativo*. 13ª ed. São Paulo: Atlas, 2001.

DIDIER JR., Fredie (Org.). *Relativização da Coisa Julgada (enfoque crítico)*. Salvador: Juspodivm, 2004.

FAORO, Raymundo. *Os Donos do Poder*, 2 vols. 6ª ed. Porto Alegre: Globo, 1984-1985.

FARIAS, Cristiano Chaves de. "Um alento ao futuro: novo tratamento da coisa julgada nas ações relativas à filiação", in DIDIER JR., Fredier (Org.). *Relativização da Coisa Julgada*. Salvador: Juspodivm, 2004.

HOBBES, Thomas de Malmesbury. *O Leviatã* (Os pensadores). 2ª ed. São Paulo: Abril Cultural, 1979.

HORCAIO, Ivan. *Dicionário Jurídico*. São Paulo: Editora Primeira Impressão, 2008.

HOUAISS, Antônio; VILLAR, Mauro Salles; MELLO FRANCO, Francisco Manoel. *Dicionário Houaiss da Língua Portuguesa*. Rio de Janeiro: Objetiva, 2001.

KRIELE, Martim. *Libertação e Iluminismo Político (uma defesa da dignidade do homem)*. São Paulo: Loyola, 1983.

MAQUIAVEL, Nicolau. *O Príncipe* (Os Pensadores). São Paulo: Nova Cultural, 1987.

MARTINHO Rodrigues, Rui. *O Príncipe, o Lobo e o Homem Comum (análise das ideias de Maquiavel, Hobbes e Locke)*. Fortaleza: UFC, 1997.

_____. *Pesquisa Acadêmica* (como facilitar o processo de preparação de suas etapas). São Paulo: Atlas, 2007.

MORA, J. Ferrater. *Dicionário de Filosofia*, t. III. São Paulo: Loyola, 2001.

SILVA, Benedicto. *Dicionário de Ciências Sociais*. Rio de Janeiro: FGV, 1986.

SILVA, De Plácido e. *Vocabulário Jurídico*. 18ª ed. Rio de Janeiro: Forense, 2001.

SUXBERGER, A. H. Graciano. *Legitimidade da Intervenção Penal*. Rio de Janeiro: Lumen Juris, 2006.

WEBER, Max. *Economía y Sociedad (esbozo de sociología comprensiva)*. 2ª ed. México: Fondo de Cultura Econômica, 1984.

Capítulo 4
CONSTITUCIONALIDADE E RAZOABILIDADE DAS POLÍTICAS PÚBLICAS
(políticas públicas de saúde e drogadição: redução de risco e dano)

MARIA JOSEFINA DA SILVA[1]
RUI MARTINHO RODRIGUES[2]

4.1 Introdução. 4.2 Elementos da análise: 4.2.1 O objeto – 4.2.2 A abordagem – 4.2.2.1 Eticidade – 4.2.2.2 O direito constitucional positivo e a hermenêutica constitucional: 4.2.2.2.1 A proteção a grupos específicos e o interesse geral – 4.2.2.2.2 Igualdade formal, desigualdade material e reserva do possível; 4.2.2.3 A legitimidade política – 4.2.2.4 Critérios epidemiológicos; 4.2.3 Escolhendo entre políticas públicas: 4.2.3.1 A eleição dos que serão protegidos – 4.2.3.2 A opção pelo tipo de ação – 4.2.3.3 A consideração do mínimo existencial – 4.2.3.4 A reserva do possível – 4.2.3.5 Os fundamentos dos direitos sociais – 4.2.3.6 As peculiaridades do Brasil e a legitimidade das escolhas – 4.2.3.7 Cidadania, direito, ética e política de saúde. 4.3 Algumas conclusões. 4.4 Referências.

> *Os preceitos do Direito são estes: viver honestamente, não ofender ninguém, dar a cada um o que é seu.*
>
> Ulpiano

1. Professora do Curso de Enfermagem da Universidade Federal do Ceará (UFC), mestra em Sociologia e doutora em Enfermagem.
2. Professor do Departamento de Fundamentos da Educação da Faculdade de Educação da Universidade Federal do Ceará (UFC), doutor em História, mestre em Sociologia, bacharel em Administração e advogado.

4.1 Introdução

A relevância do objeto aqui considerado é evidente. Os direitos sociais e a vida, o bem-estar, a segurança jurídica e a liberdade têm importância óbvia. O interesse pelos direitos sociais pode ser visto, inicialmente, como decorrência da objetividade jurídica[3] dos referidos direitos. Eles tutelam a vida e algo não muito bem determinado, mas valorado no topo da hierarquia de todos os sistemas axiológicos, logo abaixo da vida e ao lado da liberdade: o bem-estar social.

A segurança jurídica e a liberdade também se relacionam intimamente com o bem-estar social, embora possam conflitar, em alguns momentos, com certos objetos juridicamente protegidos pelos direitos sociais. A relação entre os direitos e garantias individuais, de um lado, e o bem-estar material, de outro, enseja um notório potencial de conflito, em face do desafio que consiste em acomodar igualdade formal e desigualdade material; justiça e segurança jurídica, presentes na definição de prioridades para grupos e demandas específicos; ao lado da dificuldade de acomodar as demandas à disponibilidade orçamentária.[4]

Bem-estar, em sentido amplo, ultrapassa os próprios limites materiais. É, para além dos limites aludidos, que o potencial conflito encontra o seu *habitat*, ensejando, por outro lado, a acomodação entre demandas e expectativas. Saúde, educação e vida são grandes unanimidades entre estes direitos fundamentais, constituindo condição *sine qua non* em face da defesa e do desfrute da qualidade da vida. Sem esses direitos não se vive, ou não se vive bem.

A segurança jurídica e a liberdade, por outro lado, têm significado e alcance polêmicos, sem que por isso representem um valor secundário. Malgrado a vida seja possível na ausência destas duas pilastras de todos os direitos, a qualidade de vida fica grandemente comprometida sem elas.

A discussão sobre a prevalência de uma sobre a outra destas vertentes das garantias constitucionais decorre, como dito, do potencial conflito entre promoção do bem-estar material e as garantias individuais. Também as demandas de grupos específicos, como forma de demandas de interesses

---

3. Objetividade jurídica é "a coisa ou o interesse tutelado pela lei ou sobre o qual incide um direito". J. M. Othon Sidou, *Dicionário Jurídico* (Academia Brasileira de Letras Jurídicas), 3ª ed., Rio de Janeiro, Forense Universitária, 1995, p. 532.

4. O crescimento ilimitado das demandas sociais é apontado como uma ameaça potencial à democracia em Norberto Bobbio, *A Era dos Direitos*, Rio de Janeiro, Campus, 1992.

de grupos sociais específicos,[5] podem conflitar com o interesse social mais geral, de caráter público. Tais polaridades ensejam o mencionado conflito entre interesses coletivos diversos, tratando-se aqui do choque entre os chamados interesses individuais homogêneos, que são aqueles de um grupo específico, vinculados por uma situação de fato, cujos titulares são determinados ou determináveis; de um lado, e interesses difusos, cujos titulares são indetermináveis, vinculados faticamente e referidos a objeto indivisível, de outro, considerando o resguardo do mínimo existencial[6] e o imperativo da reserva do possível,[7] examinando-se ainda a

5. Os direitos de grupos sociais específicos não se confundem com os *direitos difusos*. Estes "(...) são direitos *transindividuais*, de *natureza indivisível*, de que sejam titulares *pessoas indeterminadas* e *ligadas por circunstâncias de fato* (...)", conforme Dimitri Dimoulis (Coord.), *Dicionário Brasileiro de Direito Constitucional*, São Paulo, Saraiva, 2007, p. 123. Grupos sociais determinados, do que são exemplos grupos de drogaditos usuários de drogas injetáveis, *não sendo sujeitos indeterminados*, não devem ter os seus interesses confundidos com *direitos difusos*. Acrescente-se que os direitos dos drogaditos se inscrevem entre os direitos individuais homogêneos, naquilo que se relaciona ao uso de seringas, *não atendem ao requisito de indivisibilidade*. Acrescente-se, para maior clareza das distinções aqui referidas, que os interesses transindividuais, também chamados metaindividuais ou coletivos em sentido amplo, não são públicos, "porque não têm como titular o Estado, nem se confundem com o bem comum; e nem são privados porque não pertencem a uma pessoa, isoladamente, mas a um grupo, classe ou categoria de pessoas" (Marcus Vinicius Rios Gonçalves, *Tutela dos Interesses Difusos e Coletivos*, 3ª ed., São Paulo, Saraiva, 2007, p. 4). Os interesses transindividuais pertencem a indivíduos que têm entre si um vínculo que pode ser jurídico ou natural. O gênero assim constituído compreende três espécies: *interesses difusos*, referidos a objetos indivisíveis, sujeitos indeterminados e indetermináveis e vínculo fático entre os sujeitos. Outra espécie do gênero transindividual é a dos *interesses coletivos em sentido estrito*, também referidos a objetos indivisíveis, mas seus titulares são sujeitos determinados ou determináveis e juridicamente vinculados, ensejando julgamentos que produzem efeitos para além das partes no processo; por fim, existem os *interesses individuais homogêneos*, cujos titulares são sujeitos determinados ou determináveis, o objeto e divisível, além de ter os seus titulares agrupados por vínculo de natureza fática (idem, ibidem). Este é o caso dos usuários de drogas injetáveis. O fato de os sujeitos serem determinados ou determináveis limita a amplitude do grupo, quando comparado aos titulares dos direitos difusos. O fato de o objeto ser divisível limita a satisfatividade e o interesse social dos interesses individuais homogêneos, porque a divisibilidade restringe a fruição compartilhada de um bem.

6. Ver Marcelo Novelino, *Direito Constitucional,* 2ª ed., São Paulo, Método, 2008, p. 375. Trata-se de um conceito indeterminado, contrariamente à afirmação contida no conceito elaborado por Novelino, conforme se evidencia quando da discussão sobre o que sejam os limites precisos do mínimo indispensável à dignidade humana, na sequência deste estudo.

7. Idem, ibidem, p. 374. Ver também Gilmar F. Mendes, Inocêncio M. Coelho, Paulo G. G. Branco, *Curso de Direito Constitucional*, 2ª ed., São Paulo, Saraiva, 2008, p. 713.

tese da vedação ao retrocesso.[8] Esta é a problematização do objeto aqui estudado.

4.2 Elementos da análise

4.2.1 O objeto

A colisão entre os interesses e direitos enumerados como potencialmente conflitantes foi analisada neste texto, tendo como objeto a política de saúde concernente à redução de riscos e danos[9] decorrentes do uso de drogas ilícitas injetáveis, na forma de distribuição de seringas, garrotes e outros apetrechos, aos usuários das referidas drogas.

4.2.2 A abordagem

Examinou-se aligeiradamente, neste estudo, a política de redução de riscos e danos do Ministério da Saúde (MS), para usuários de drogas injetáveis. Foram considerados os aspectos concernentes à eticidade, ao direito constitucional positivo e à hermenêutica, no que concerne à fundamentação teórica. Foram sopesadas as expectativas de proteção e satisfação de demandas pelo Estado, expressas pelo legislador constituinte de 1988 como "direito de todos e dever do Estado",[10] e a legitimidade política, ao lado dos critérios epidemiológicos que devem embasar políticas de saúde.

8. Marcelo Novelino, *Direito Constitucional*, cit., p. 376. Ver também discussão sobre a concepção de História, por ser aspecto subjacente ao conceito de vedação do retrocesso: Karl Popper, *A Miséria do Historicismo*, 2ª ed., São Paulo, Cultrix, 1993; e, no mesmo sentido, Rui Martinho Rodrigues, *O Príncipe, o Lobo e o Homem Comum (análise das ideias de Maquiavel, Hobbes e Locke)*, Fortaleza, UFC, 1997. Este conceito será analisado mais detalhadamente na sequência deste estudo.

9. O documento do Ministério da Saúde menciona *apenas redução de "dano"*, referindo-se assim à *prevenção secundária*, que é aquela destinada a limitar os agravos já em curso. Neste estudo, porém, adotou-se a expressão "redução de *risco e dano*", com base no entendimento de que, além dos agravos em curso, constituídos pelo uso de drogas, o objetivo da política pública em saúde ministerial deve abranger ainda os agravos potenciais que poderão somar-se aos já consumados, caracterizando também uma forma de *prevenção primária*.

10. Art. 196, CF/1988: "A saúde é direito de todos e dever do Estado, garantido mediante políticas sociais e econômicas que visem à redução do risco de doenças e de outros agravos e ao acesso universal e igualitário às ações e serviços para sua promoção, proteção e recuperação".

4.2.2.1 Eticidade

A presença de elementos opostos na definição de políticas públicas sugere a existência de conflito de valores. A escolha política, em tais circunstâncias, requer, em primeiro lugar, a identificação dos valores em conflito. O segundo passo pode ser a classificação dos valores reconhecidos, para em seguida proceder-se ao exame dos fundamentos da hierarquia de valores que justifiquem a escolha entre eles.

Os valores opostos são, de um lado, a defesa de um segmento social havido como (i) vulnerável, representado pelos usuários de drogas injetáveis, de certo modo considerados, analogamente aos hipossuficientes, necessitados da proteção do Estado; e, de outro, (ii) a defesa de parcelas mais amplas da população, sujeitas a numerosos agravos involuntariamente arrostados, reconhecidamente necessitada de proteção. Ressalte-se que estes dois grupos concorrem pela proteção do Estado, disputando recursos escassos, nos termos da reserva do possível.

Trata-se, pois, de um caso de colisão entre duas alternativas de solidariedade. A existência da política de distribuição de seringas e de outros apetrechos, como prática consumada, pode escudar-se na doutrina da *vedação ao retrocesso*.[11] A prioridade para as parcelas mais amplas da população, em detrimento dos usuários de drogas injetáveis, por sua vez, pretende classificar-se como o reconhecimento de uma hierarquia de valores que prefere os bens indivisíveis, como estruturas de saneamento e educação para a saúde, que não se destroem pelo uso, podendo ser usufruídas por todos sem que sejam divididas, entendendo-se isso como indivisibilidade, conforme o léxico jurídico. Reivindica também a classificação de defesa da maioria, alegando que a população beneficiada pela política de redução de danos, no caso em exame, é minoritária em relação aos segmentos populacionais carentes de outros atendimentos mais abrangentes e igualmente ligados à vida e ao bem-estar.

Ambos os lados reivindicam ser classificados como expressão do princípio do *mínimo existencial*. A proteção específica dos drogaditos esgrima o argumento da inadmissibilidade da discriminação entre pacientes. Além disso, é preciso considerar os critérios definidores da hierarquia a ser adotada para os valores em colisão.

A hierarquia de valores pode ser baseada nos seguintes critérios:

---

11. O argumento da vedação do retrocesso será analisado em detalhes no item 4.2.2.2.

Para fixar a hierarquia dos valores, (...) *[podemos considerar]* os seguintes critérios: *duração, indivisibilidade, fundamentalidade, satisfação* e *grau de relatividade [grifos nossos]*. Os valores são tanto mais elevados quanto mais *duram* e quanto mais *indivisíveis* são; enquanto a participação de vários indivíduos em bens de caráter material (por exemplo, uma torta) só é possível mediante a subdivisão de tais bens, existem obras de cultura e arte em que é possível a fruição de vários indivíduos sem que haja divisão.[12]

A crítica à política de prioridade para a proteção dos drogaditos pode alegar que esta fica situada entre os valores de pouca *duração*, porque, ao contrário, por exemplo, da vacina contra o sarampo, que protege para toda a vida, precisa ser renovada a cada vez que o usuário de droga injetável consome tal substância.

A *divisibilidade* também é um argumento contrário à política do MS para os usuários de drogas injetáveis. Ao contrário das políticas de educação para a saúde, das iniciativas de saneamento, que não se consomem, sofrendo divisão ou subtração quando usadas, os apetrechos para drogadição sofrem divisão quando usados, não podendo ser partilhadas, sob pena de frustrarem-se os seus objetivos, nem reutilizadas indefinidamente.

Pouca duração e divisibilidade, como critério de hierarquia de valores, não favorecem a política ministerial em discussão.

Resta saber se a *fundamentalidade* está presente na política do MS. Os dois lados da discussão poderão dizer que sim e que não, com alguma razoabilidade. Tratando-se de proteger a vida, pode o MS alegar que o bem jurídico protegido pela política em exame é um valor fundamental e incondicionado. Sendo, porém, tal proteção uma concorrente com outras demandas que também defendem a vida, uma delas poderá deixar de ser fundamental, mormente quando a duração, a divisibilidade e a *satisfatividade* ou efetividade das demandas concorrentes forem desiguais, afastando-se o argumento do valor incondicionado, porque incondicionado é o absoluto e não existem valores absolutos. A proteção de riscos voluntariamente assumidos pode ensejar o argumento de que a fundamentalidade da proteção à vida não alcança indistintamente quem voluntariamente se expôs a perigos desnecessários e quem não buscou voluntariamente o incremento dos ditos risco.

Por isso, o Estado não oferece nenhuma proteção especial aos que praticam esportes radicais, considerados de alto risco. A oferta de equi-

12. Battista Mondin, *Introdução à Filosofia*, São Paulo, Paulus, 1980, pp. 161-162.

pamento de segurança para alpinistas, mergulhadores, automobilistas de competição, boxeadores, capacetes de motociclistas, entre outros dispositivos de redução de risco, não é assumida gratuitamente pelo Estado, embora se relacionem à proteção da vida. Tal linha de raciocínio enfraquece a política ministerial em foco.

A força do argumento axiológico torna-se importante porque os princípios positivados na Constituição Republicana de 1988, quando colidem uns com os outros, suscitam o clássico problema do conflito aparente de normas,[13] que é apenas aparente por força do princípio da *unidade da Constituição*.[14] Os critérios, igualmente clássicos, para a solução do citado problema hão de ser observados quando da apreciação da colisão entre comandos constitucionais. Na discussão das prioridades das políticas de saúde verifica-se o choque entre interesses de grupos constitucionalmente protegidos. Um deles é maioria, o outro é minoria. Este se expõe voluntariamente sob um risco específico, enquanto aquele se encontra involuntariamente em face de numerosas ameaças. O grupo que é minoria precisa de um tipo de proteção que é divisível, que não oferece longa duração; já o outro grupo carece de variadas formas de proteção, algumas delas não atendidas e que satisfazem à exigência de longa duração e indivisibilidade. A fundamentalidade da proteção do grupo que é minoria é polêmica, enquanto a do outro é pacífica.

Mas tais considerações pertencem à discussão das políticas públicas na perspectiva do direito constitucional e – principalmente – da Filosofia dos valores.

4.2.2.2 O direito constitucional positivo e a hermenêutica constitucional

As reflexões sobre a política de proteção de drogaditos devem sopesar os problemas relacionados a diversos aspectos concernentes ao

13. Ver De Plácido e Silva, *Vocabulário Jurídico*, 18ª ed., Rio de Janeiro, Forense, 2001, p. 440; ver também G. F. Mendes, I. M. Coelho, P. G. G. Branco, *Curso de Direito Constitucional*, cit., p. 103. Ver ainda Maria Helena Diniz, *Compêndio de Introdução à Ciência do Direito*, 8ª ed., São Paulo, Saraiva, 1985; e para maior aprofundamento ver Maria Helena Diniz, *Conflito de Normas*, 3ª ed., São Paulo, Saraiva, 1998.

14. Segundo o princípio da unidade da Constituição, "as normas constitucionais devem ser vistas não como normas isoladas, mas como preceitos integrados num sistema unitário de regras e princípios, na e pela própria constituição" (G. F. Mendes, I. M. Coelho, P. G. G. Branco, *Curso de Direito Constitucional*, 2ª ed., São Paulo, Saraiva, 2008, p. 114). O conceito transcrito é uma clara alusão à *interpretação sistemática* da constituição, além de proclamar a *equivalência das normas constitucionais em face umas das outras*.

direito constitucional. A polaridade entre *igualdade formal* e *material* é um destes aspectos que pode suscitar o problema da aparente antinomia entre normas da nossa Carta Política. Usando-se das possibilidades oferecidas pelos variados caminhos da hermenêutica constitucional, pode-se determinar, com razoabilidade, proporcionalidade, à luz dos princípios gerais do Direito e de outros procedimentos hermenêuticos, qual das normas constitucionais em colisão, no caso concreto, deverá prevalecer.

A *posição hierárquica* da norma no ordenamento jurídico é desde logo afastada, já que entre dispositivos constitucionais não há hierarquia. O direito de todos às ações de saúde, favorável à política de redução de risco e dano na prática da drogadição, em face da competição com outros segmentos da população pelos sempre escassos recursos do erário, enfrenta o direito de grupos mais amplos às ações de outra espécie, ainda que do mesmo gênero que a redução de risco e dano. Ambos estão armados com fragmentos da constituição. O *critério cronológico*[15] de solução de antinomias jurídicas também é afastado pela ausência de um dispositivo mais novo[16] ou mais velho na Lex Magna. Verifica-se idêntico impasse quanto ao critério da prevalência da *norma especial* sobre a *norma geral*. Não há dispositivo "mais" geral ou "mais" especial da Constituição da República.

Explicando mais detalhadamente: o conflito de normas, no interior de um mesmo ordenamento jurídico, é referido na doutrina como aparente. Assim o é porque o Direito é considerado uno e completo e a Constituição, em particular, também é considerada una. Tal condição resulta na impossibilidade de contradição efetiva, ficando o conflito de normas restrito à letra dos dispositivos legais, sendo afastada por diversos procedimentos e critérios, tais como a *interpretação*, a *integração* e a *concreção*, sopesando-se a *proporcionalidade*, a *razoabilidade*, o *interesse social*, que são critérios normativos integrantes do mesmo ordenamento jurídico, no caso, o brasileiro. Estes critérios são autoexplicativos, exceto integração e concreção. *Integração* é o procedimento, que "(...) na hermenêutica *[jurídica]*, em caso de lacuna da lei, de impossibilidade de aplicação da analogia, e de inexistência de costume, integra-se o sistema

---

15. No conflito aparente de normas, o dispositivo legal mais novo afasta o mais velho, configurando o chamado *conflito intertemporal*, assim descrito, de modo sumário, pelo dicionarista especializado: "Conflito intertemporal: é a colisão, no tempo, de duas leis" (José Náufel, *Novo Dicionário Jurídico Brasileiro*, 9ª ed., Rio de Janeiro, Forense, 1998, p. 276).

16. Em Maria Helena Diniz, *Conflito de Normas*, cit., a solução do conflito aparente de normas é explicada detalhadamente, com clareza e concisão.

pela aplicação dos princípios gerais do Direito".[17] *Concreção* é a atitude do operador do Direito para quem

> (...) interpretar sempre foi, também, aplicar; aplicar o direito significa pensar, conjuntamente, o caso e a lei, de tal maneira que o direito propriamente dito se concretize; e, afinal, o sentido de algo geral, de uma norma, por exemplo, só pode ser justificado e determinado, realmente, na concretização e através dela.[18]

Mendes invocou explicitamente Gadamer, cujo pensamento parafraseou. A antinomia verdadeira seria assim afastada, ficando restrita aos casos em que os critérios normativos para a sua solução integrem ordenamentos jurídicos distintos.[19]

A *valoração comparada*, nas circunstâncias deste caso concreto, é o caminho que resta para a solução do conflito aparente de normas constitucionais principiológicas, nos termos do item 4.2.2.1, ponderando-se a hierarquia de valores, ao lado das opções de interpretação analógica, sistemática, histórica, teleológica, dos princípios susorreferidos.

Por fim deve-se considerar, quando da análise dos aspectos constitucionais, o princípio da *vedação do retrocesso* em face da *reserva do possível*.

O princípio da *vedação ao retrocesso* consiste na inadmissibilidade de restrição aos direitos fundamentais, não só supervenientes ao legislador constituinte originário, como limitação aos ditos constituintes.[20] Não se trata de norma jurídica, uma vez que não foi positivada pelo legislador constituinte ou pelo legislador ordinário; tampouco se trata de limitação fática, posto que não se escuda na insuficiência de meios, antes pelo contrário, pretende afastar a reserva do possível, esta sim, fundada em alegações fáticas.

Não deve ser uma "lei da história" ou uma "determinação divina", já que não existe fundamentação razoável de tal "lei da vedação ao retrocesso" nas teorias da História;[21] nem se cogita de um estudo confessional

---

17. Ver De Plácido e Silva, *Vocabulário Jurídico*, 18ª ed., Rio de Janeiro, Forense, 2001, p. 440.

18. Cf G. F. Mendes, I. M. Coelho, P. G. G. Branco, *Curso de Direito Constitucional*, cit., p. 103.

19. Nesse sentido, ver também Maria Helena Diniz, *Compêndio de Introdução à Ciência do Direito*, cit.; e – principalmente – da mesma autora, *Conflito de Normas*, cit.

20. Marcelo Novelino, *Direito Constitucional*, cit., p. 376.

21. Karl Popper, *A Miséria do Historicismo*, cit.

no âmbito da discussão das políticas públicas do Estado brasileiro, que é um Estado laico. Restam as hipóteses de se considerar a vedação do retrocesso como direito natural ou uma decisão política. A última hipótese implica admitir o voluntarismo como fundamento das políticas públicas, dotado de eficácia capaz de superar limitações orçamentárias.

A teoria da vedação do retrocesso foi invocada em face de uma situação de grande relevo na história recente: a invasão da Tchecoslováquia, em 1968, foi justificada, pelo governo soviético, mediante a invocação do princípio da *vedação ao retrocesso*. Isto é, a referida doutrina se funda em uma ideia de progresso e retrocesso – nada consensual –; afirma-se no pressuposto não demonstrado da inevitabilidade do progresso, cujo sentido, além de obscuro, expressa manifesto dissenso, seja o que for que se considere progresso; e na igualmente presumida legitimidade de sujeitos não definidos, para usar de meios igualmente indeterminados, com o fim de impedir o que tais atores entendam ser um "retrocesso", para salvar o que consideram "progresso".

O que resta como possibilidade de fundamento da tese da vedação do retrocesso seriam: o direito natural e o voluntarismo dos esclarecidos ou virtuosos. O esclarecimento resultaria de uma ciência da História ou da sociedade. A forte legitimação a ser dada por tal "esclarecimento", porém, requer a confiabilidade de uma ciência exata para os estudos histórico-sociais, em oposição ao falibilismo destes estudos,[22] conforme demonstrado por Karl Popper e comentado por Martinho Rodrigues. Quanto ao direito natural, nos limites deste estudo, basta que se lembre que ele nada diz sobre as limitações fáticas, por ser uma formulação de uma época em que o debate jurídico se referia aos direitos afetos às prestações negativas.

4.2.2.2.1 A proteção a grupos específicos e o interesse geral

A *igualdade formal*[23] reclama o mesmo atendimento para todos os brasileiros. A *desigualdade material* enseja a discussão sobre as discriminações positivas e as ações afirmativas. Desviar recursos de ações de saúde direcionadas ao universo da população para atender a um grupo específico, seja ele qual for, é uma opção política que assume a configu-

---

22. Neste sentido, Rui Martinho Rodrigues – *O Príncipe, o Lobo e o Homem Comum*, cit. – se alonga sobre o uso da presumida certeza das ciências sociais como instrumento do autoritarismo, sob o pretexto de uma suposta normatividade científica.

23. A igualdade formal se radica no *caput* do art. 5º da CF/1988: "Todos são iguais perante a lei, sem distinção de qualquer natureza, garantindo-se aos brasileiros e aos estrangeiros residentes no País (...)".

ração de uma discriminação positiva, sob a forma de uma ação afirmativa. Discriminação positiva e ação afirmativa relativizam a igualdade formal. Isso é perfeitamente admissível, desde que encontre arrimo na *equidade*, na *proporcionalidade*, na proteção do *hipossuficiente*, na afirmação de *valores* constitucionalmente positivados, devendo-se considerar ainda o relevante valor social ou moral envolvido.

4.2.2.2.2 Igualdade formal, desigualdade material e reserva do possível

Ambos os lados, na discussão sobre a política pública em exame, podem, com algum grau de razoabilidade, escudar-se na igualdade formal e na material. Proceda-se ao exame deste aspecto.

A *desigualdade material* deve ser considerada, quando da definição de prioridades para as diversas ações de saúde. A proteção de grupos vulneráveis pode preterir a proteção a outros grupos, com arrimo no argumento das discriminações positivas e das ações afirmativas. A igualdade jurídica deve ser mais do que uma igualdade formal a ser reconhecida;[24] deve atender, nos limites da reserva do possível, às desigualdades materiais. Isso satisfaz a *proporcionalidade* e submete-se à *razoabilidade*[25] e à equidade. Agravos que acometam parcelas mais amplas da população representam, por certo, mais afinidade com os argumentos da proporcionalidade e da razoabilidade, opondo-se à prioridade para a política de saúde em exame, que atende a um segmento minoritário da população.

O incremento voluntário de risco não é suficiente, como fator isolado, para afastar, de modo consensual, a prioridade da proteção a um grupo social. Mas certamente é um fator a ser considerado, e representa mais um argumento contrário à prioridade para o grupo aludido.

24. Desigualdade material e igualdade formal podem ensejar, em alguns casos, um conflito aparente de normas. O conflito aparente entre normas constitucionais é especificamente estudado na perspectiva dos critérios pelos quais se procede à eleição do princípio que deva prevalecer, além dos autores anteriormente indicados, ver também Dilvanir José da Costa, *Curso de Hermenêutica Constitucional*, 2ª ed., Rio de Janeiro, Forense, 2005.

25. A vinculação da proporcionalidade à razoabilidade é tão estreita que grande parte da doutrina toma uma pela outra. A rigor, a proporcionalidade é uma razoabilidade específica, porque a primeira é um elemento do amplo conjunto da segunda. A razoabilidade guarda relação de afinidade com a equidade e se faz necessária à superação do aparente conflito entre a interpretação sistemática e a tópica. Mais esclarecimentos podem ser encontrados em Hugo de Brito Machado, *Introdução ao Estudo do Direito*, 2ª ed., São Paulo, Atlas, 2004, p. 193.

A *condição socioeconômica* pode e deve ser considerada parte da desigualdade material. Nada, porém, indica que os usuários de drogas injetáveis pertençam às camadas de menor renda da população. Uma parcela deles certamente é pobre. Na formulação desta política de redução de risco e dano, direcionada para o grupo constituído pelos usuários de drogas injetáveis, não há nenhuma alusão à proteção especificamente direcionada à parcela mais pobre dos usuários de drogas, nem seria possível estabelecer tal discriminação. Ademais, as drogas injetáveis, sendo as mais caras, por certo encontram consumidores entre as parcelas de renda mais alta da população, o que *afasta o argumento da razoabilidade* da política em discussão, quando a solicitação de verbas para distribuição de seringas entre usuários de drogas injetáveis concorra com solicitações destinadas a suprir necessidades de camadas mais amplas e mais pobres da população, mormente quando tais necessidades envolvam valores ou bens jurídicos indivisíveis, fundamentais, duradouros e efetivos. A linha de raciocínio voltada para a proteção aos hipossuficientes, quando entendidos como pobres, não constitui arrimo à política em discussão, em face dos mesmos argumentos, afastando, *ipso facto*, o argumento da *equidade*.

A *igualdade formal* parece ser o último reduto da defesa da política em discussão. Drogaditos têm direito à proteção das ações de saúde porque não se pode discriminar entre pacientes que são formalmente iguais. O argumento, em princípio, é consistente. Os opositores desta política, entretanto, poderão redarguir, alegando que a *igualdade formal* deve ponderar a *desigualdade material* e a *reserva do possível*. A desigualdade material dos mais necessitados, como dito, relativiza, mitiga ou até mesmo afasta a igualdade formal e, junto com ela, a prioridade para drogaditos.

A *reserva do possível* ampara aqueles que reivindicam prioridade para os segmentos mais amplos da população; como para os agravos mais comuns e involuntariamente adquiridos, porque é impossível atender a todos em tudo. Razoabilidade, proporcionalidade e equidade apontam na direção da prioridade para os grupos populacionais mais amplos, para os agravos mais comuns, quando haja meios mais efetivos ou eficazes de limitação de riscos e danos. Saúde como direito de todos e dever do Estado tem se revelado como norma constitucional programática.[26]

26. Espécie de norma constitucional que não tem exigibilidade, limitando-se a sinalizar um valor, um projeto do Estado. Ver Michel Temer, *Elementos de Direito Constitucional*, 24ª ed., 2ª tir., São Paulo, Malheiros Editores, 2014.

4.2.2.3 A legitimidade política

Ao sopesar a vulnerabilidade e a condição de hipossuficiente, ou a gravidade dos riscos a que um grupo social se expõe, de um lado; e os interesses da totalidade da sociedade, de outro, quando considerados para fins de escolha entre políticas públicas, deve-se perquirir sobre a *legitimidade política comparada*, entre as referidas opções, tendo em vista os demais aspectos aqui abordados.

Não há prioridade, do ponto de vista técnico, para a política em discussão, no quadro nosológico[27] brasileiro. A norma constitucional, ao afirmar o direito de todos à saúde, não afasta escolhas prioritárias, nem afasta a reserva do possível. Isso configura a condição de norma programática para o comando constitucional segundo o qual a saúde é um direito de todos e um dever do Estado (CF/1988, art. 196, *caput*), quando se enfatize o alcance da universalidade relativa a riscos e danos que possam acometer todos os sujeitos da população brasileira. A política em discussão preteriu demandas de segmentos populacionais mais amplos e opções mais duradouras de proteção, mas poderia revestir-se de legitimidade política em sentido formal e estrito se – e somente se – resultasse de uma decisão parlamentar ou de uma consulta popular.

Tal não se deu.

A escolha aparentemente resultou da decisão do corpo técnico do MS. Significativamente, porém, ao fundamentar a escolha pela distribuição de meios para o uso de drogas ilícitas injetáveis, o MS não invocou razões técnicas, tais como índices de morbidade comparada entre agravos, eficácia e efetividade comparadas entre meios de redução de riscos e danos distintos, amplitude igualmente comparada entre populações beneficiadas pelas diferentes opções em matéria de ações de saúde.

A legitimidade desta política de redução de risco e dano não se apoia no Congresso Nacional nem na consulta popular direta. Também não se escuda em fundamentação técnica, como se verá a seguir, que pudesse ser apresentada como substitutiva da legitimidade política, como esforço de legitimação alternativa ou complementar.

---

27. Nosologia é o ramo da medicina que estuda e classifica doenças (Antônio Houaiss, Mauro de Salles Villar, *Dicionário Houaiss da Língua Portuguesa*, Rio de Janeiro, Objetiva, 2001, p. 2.028). Nosológico é relativo à nosologia (idem, ibidem). Quadro nosológico remete ao conjunto de doenças de um país ou de uma região, de uma comunidade.

4.2.2.4 Critérios epidemiológicos

Quando se analisa o significado, o alcance, a efetividade, a conveniência e a oportunidade das medidas de proteção dos sujeitos ou grupos havidos como hipossuficientes ou vulneráveis, por isso reconhecidos como especiais, o que se busca é a fundamentação técnica, sobretudo no campo da epidemiologia, para a escolha entre prioridades.

O *significado* da política de saúde aqui examinada é a proteção, pela via da redução de riscos e danos, de um grupo social específico, contra a transmissão de doenças veiculadas pelo sangue, em uma circunstância igualmente especial que é o uso compartilhado de seringas.

O *alcance* se define pela amplitude da população protegida e pelo elenco de riscos e danos prevenidos ou limitados. A distribuição gratuita de meios para uso de drogas injetáveis não protege a totalidade da sociedade, pelo menos diretamente, ou em proporções significativas, ainda quando sejam considerados os benefícios indiretos. Não representa proteção contra os efeitos específicos das drogas injetadas, não afasta a ação do princípio ativo das substâncias injetadas. Não oferece proteção à transmissão de doenças veiculadas pelo sangue em face das transfusões de sangue ou por outros caminhos. Nem protege outros grupos sociais que não os usuários de drogas injetáveis. Não protege, *v.g.*, usuários de drogas inaláveis ou administradas por quaisquer outras vias que não a injetável.

A (i) *amplitude* da *população beneficiada* deve ser considerada, para que se possa avaliar (ii) o *alcance* de uma política de saúde em face da população em geral. Depois é preciso considerar o (iii) *grau de proteção* dado ao referido grupo de pessoas. Os (i) beneficiados, neste caso, se contam, entre os usuários de drogas e são *apenas* aqueles que fazem uso da via endovenosa, como dito. Os que inalam, ingerem, recorrem à via do supositório ou a outras vias quaisquer, não serão beneficiados. Os que transitam pela via endovenosa, por mais exitosa que seja a política e redução de risco e dano em exame, certamente não irão aderir em sua totalidade a ela. Dentre os que colaborarem com o programa, nas circunstâncias do uso por vezes improvisado e imprevisto do consumo de drogas ilícitas, quando a seringa e os demais apetrechos recebidos não estejam disponíveis nos momentos da ansiedade típica da síndrome da abstinência, também não farão uso dos meios de prevenção de riscos oferecidos pela referida política ministerial. Isso tudo reduz o (ii) alcance do programa.

A *efetividade* – considerada como "(...) faculdade de produzir um efeito real"; (...) "capacidade de produzir o seu efeito habitual, de funcionar normalmente"; (...) "capacidade de atingir o seu objetivo real (...)"[28] – pode ser a expressão da proteção de fato (iii) oferecida pela ação de saúde em análise. A efetividade exige que usuário faça uso, de fato, da proteção recebida gratuitamente do programa ministerial. Admitido o possível não uso dessa proteção, seja por força das circunstâncias, seja pelo pouco caso, registre-se ainda a possível reutilização e o repasse da seringa entre usuários, motivado pelas mesmas circunstâncias que poderão afastar o uso da proteção: imprevisão e improvisação, sob o signo do hedonismo e nas circunstâncias angustiantes da síndrome da abstinência.

A *duração da proteção* (iii) oferecida é outro fator que influencia a *efetividade* de uma ação de saúde. A vacina contra sarampo contrasta com a oferta de seringa e outros apetrechos com que se visa a proteger usuários de drogas injetáveis, ensejando uma comparação esclarecedora. (i) Aquela oferece proteção para sempre, esta protege somente por um instante, estiolando-se com o uso. (ii) A primeira é aplicada pelos serviços de saúde, enquanto a segunda fica na dependência da (iii) consciência, (iv) da memória e da (v) disciplina do usuário de drogas injetáveis, para protegê-lo, se – e somente se – todas essas condições forem satisfeitas.

Tudo isso restringe a efetividade da política de saúde em comento.

A *conveniência* e a *oportunidade* se vinculam aos benefícios socais comparados, em face de outras medidas de proteção, seja de outros segmentos da população, seja em face do próprio segmento representado pelo drogadito que se queira proteger. O alcance e a efetividade, quando frágeis, incertos, duvidosos e polêmicos, não representam arrimo à prioridade para a qual está voltado o programa ministerial em discussão, à luz da conveniência e da oportunidade de todos os critérios tomados como parâmetro.

4.2.3 Escolhendo entre políticas públicas

A *escolha de grupos* que deverão receber atenção prioritária dos programas de saúde e a *eleição do tipo de ação* a ser desencadeada para protegê-los constituem duas das mais importantes considerações, quando se queira formular políticas públicas. Por isso, devem satisfazer à exigência de fundamentação. A ponderação do mínimo existencial, da reserva do possível, ao lado da definição anteriormente vista de critérios

---

28. Antônio Houaiss, Mauro de Salles Villar, *Dicionário Houaiss da Língua Portuguesa*, cit., p. 1.102.

tais como *eticidade*, constitucionalidade, princípios de hermenêutica, de legitimidade política e de fundamentos epidemiológicos.

O documento ministerial que apresenta a política de redução de risco e dano, dirigida aos usuários de drogas que causam dependência química cujo consumo se faça pela via endovenosa, é muito longo para ser reproduzido na íntegra. Mas um pequeno excerto dele é bastante representativo da sua totalidade, por reunir a essência dos seus argumentos:

> A *abstinência não pode ser*, então, *o único objetivo* a ser alcançado. Aliás, quando se trate de cuidar de vidas humanas, temos que lidar com as singularidades, com as possibilidades e *escolhas* que são feitas. As práticas de saúde, em qualquer nível de ocorrência, devem levar em conta a diversidade. Devem acolher, sem julgamento, *o que em cada situação*, com cada usuário, *é possível*, *o que é necessário*, o *que está sendo demandado*, o que pode ser ofertado, o que *deve ser feito, [grifos nossos]* sempre estimulando a participação e o seu engajamento.[29]

A desvantagem, a fragilidade, a hipossuficiência podem ensejar algum direito adicional, às expensas do direito de terceiros, nos termos das ações afirmativas ou discriminações positivas. Resta saber se será assim, ainda quando se trate de uma desvantagem voluntariamente adquirida ou praticada e quando for o caso de competir com segmentos majoritários da sociedade, conforme se discutirá. A defesa do direito à livre escolha integra os fundamentos da política de redução de risco e dano do MS, voltada para a proteção de drogaditos, que oferece seringas e outros apetrechos aos assistidos, conforme documento do qual o excerto anteriormente transcrito foi extraído.

4.2.3.1 A eleição dos que serão protegidos

A vulnerabilidade é um importante critério para a eleição dos grupos que deverão prioritariamente receber a proteção do Estado. Crianças, idosos, gestantes, deficientes são exemplos de grupos protegidos por todos os governos, de todos os regimes políticos, em todo o mundo. A inclusão de usuários de drogas injetáveis entre os grupos prioritários em face das políticas de saúde é uma inovação que expressa uma realidade nova, qual seja, o amplo uso de drogas nas sociedades contemporâneas,

---

29. Brasil, Ministério da Saúde, *A política do Ministério da Saúde para a atenção integral a usuários de álcool e outras drogas*, Brasília, Ministério da Saúde, 2003, p. 10.

ao lado do advento de sociedades marcada pela abundância de recursos de toda ordem. Países como Holanda e Suíça foram pioneiros neste campo. Em tais países a escolha das prioridades não é tão dramática. A qualidade de vida das suas populações não apresenta tantas e tão agudas demandas tão insatisfeitas. No Brasil, a escolha entre políticas públicas é pressionada por necessidades elementares não satisfeitas de amplas parcelas da população.[30]

São indicadores importantes, na consideração das políticas públicas, inclusive no campo da saúde: o IDH (Índice de Desenvolvimento Humano), o analfabetismo acima de quinze anos, a mortalidade infantil, a expectativa de vida ao nascer e o PIB (Produto Interno Bruto *per capita*). O primeiro desses índices é de fato um conjunto de índices, mas não afasta a conveniência da explicitação de alguns indicadores nele contidos. O PIB *per capita* brasileiro é de $ 11.658,00; o IDH é 0,766; o analfabetismo acima de 15 anos é de 10,4%; e a expectativa de vida ao nascer é de 72,4 anos; a mortalidade infantil é de 25,1‰. Alguns desses indicadores são até razoáveis, como é o caso da expectativa de vida ao nascer. Mas amplas regiões densamente povoadas apresentam discrepâncias em relação à medida de tendência central dos índices nacionais. Assim o Nordeste apresenta IDH de apenas 0,685; analfabetismo acima de 15 anos de 20,7%; e a mortalidade infantil é de 36,9‰!

A escolha entre grupos que deverão merecer maior atenção das políticas públicas, sem embargo de considerações de ordem técnica, tem também um lado cuja natureza é eminentemente política. As *escolhas políticas* distinguem-se das *decisões técnicas*, entre outras razões, por basearem-se, não em juízos de existência ou de fato, mas em juízos de valor. A eleição de um grupo caracterizado pelo *consumo de drogas ilícitas,* em detrimento da alocação de recursos destinados ao atendimento de necessidades *desvinculadas de práticas ilícitas* e igualmente *desvinculadas da busca voluntária do risco* na moldura valorativa da busca do prazer, pode assumir, para grande parte da população, o significado de uma *legitimação das referidas práticas ilícitas*. Tal escolha encerra um juízo de valor que compara, de um lado, o risco involuntário de ser acometido de dengue, hepatite, verminose, câncer ou tantos outros agravos, e, do outro lado, a possibilidade de, voluntariamente, adquirir doenças veiculadas pelo sangue, em decorrência do uso *ilícito* de drogas injetáveis compartilhando seringa.

30. *Atlas National Geographic: Brasil* (vol. 2), São Paulo, Editora Abril, 2008, p. 37.

Não seria exagero afirmar que uma política tão polêmica devesse buscar a legitimação do *Congresso Nacional* ou de uma consulta popular, em vez da via do decreto.

A busca de pareceres, configurando algo assemelhado às audiências públicas, marcadas pela consulta a personalidades representativas de setores expressivos da sociedade, ao lado da ausculta de técnicos, representa outra via que deveria ter sido percorrida na busca da legitimidade para a prioridade definida tão discretamente pelo Ministério da Saúde.

Isso foi feito? Não se tem notícia de tal conduta. Exemplos de políticas análogas, em países desenvolvidos, certamente influenciaram a decisão ministerial.

4.2.3.2 A opção pelo tipo de ação

O tipo de ação a ser desenvolvido, diferentemente da escolha dos grupos destinados a receber a proteção prioritária do Estado, é uma decisão eminentemente técnica. Decisões dessa natureza baseiam-se fundamentalmente em juízos de existência ou de fato, não em juízos de valor. Dados de *incidência*[31] e de *prevalência*[32] de agravos à saúde da população; informações concernentes à amplitude do segmento exposto aos riscos e danos que se busca mitigar; a efetividade, a eficiência e a eficácia das ações propostas são indispensáveis à fundamentação da escolha do meio de proteção. A invocação de argumentos tais como "respeito às demandas", alegado na exposição do MS,[33] tem natureza unicamente política, sem que alcance a representatividade de uma consulta popular ou da *aprovação pelo Congresso Nacional.* Assim, não oferece legitimação técnica.

Os argumentos de natureza política são importantíssimos no Estado democrático, uma vez que a representação e a representatividade são valores políticos, como de resto a própria democracia o é. E devem ser considerados por ocasião das opções da mesma natureza. Assim, ainda

31. Incidência é a intensidade com que uma doença acontece numa população. Cf. M. Z. Rouquayrol, *Epidemiologia & Saúde*, 4ª ed., Rio de Janeiro, MEDSI, 1993.

32. Prevalência de uma doença é a frequência no tempo, que expressa o registro de casos novos em uma população específica, em um período de tempo definido. Nos agravos de longa duração, como é o caso da drogadição, pode apresentar diferença expressiva em relação à incidência, porque esta inclui os casos vindos desde o período anterior. Ver M. Z. Rouquayrol, *Epidemiologia & Saúde*, cit.

33. Excerto do referido documento, contendo a alegação aludida, está transcrito no item 4.2.3 "Escolhendo entre políticas públicas", neste estudo.

que polêmico, o argumento do atendimento à livre demanda deve ser considerado, sim, quando da escolha do segmento social a merecer prioridade. A discussão pertinente ao meio hábil para que se obtenha sucesso na realização dos fins colimados, porém, exige argumentos técnicos, o que vale dizer, deve expressar um juízo de existência, como dito. O próprio critério político, ao considerar o atendimento de demandas, deve aferir a amplitude comparada das demandas distintas e concorrentes.

Caso não existam opções para a redução de risco e dano – isso é que deveria ter sido salientado – poderá configurar-se a absoluta falta de alternativa para a obtenção do objetivo estabelecido. Se agregada à política ministerial em discussão esta consideração, cumpre indagar: (i) não haverá outra opção para reduzir risco e dano da população que se quer proteger? E se não houver, (ii) isso legitimará a adoção de um meio de proteção de eficácia duvidosa, na proteção de um grupo restrito, em detrimento de grupos sociais mais amplos e necessitados de ações mais duradouras e efetivas?

4.2.3.3 A consideração do mínimo existencial

"O mínimo existencial consiste em um grupo menor e mais preciso de direitos sociais formados pelos bens e utilidades básicas *[considerados]* imprescindíveis a uma vida humana digna".[34] Trata-se de um conceito indeterminado, contrariamente à afirmação contida no conceito elaborado por Novelino, conforme se evidencia quando da discussão sobre o que sejam *os limites precisos do mínimo indispensável à dignidade humana*. A condição de *conceito indeterminado*, porém, não afasta a consideração do argumento, apenas desloca a discussão para o campo de juízo de valor, que é, por excelência, o território da ética.

O uso de drogas injetáveis não se caracteriza, evidentemente, como um daqueles bens arrolados como o mínimo existencial, já que certamente o MS não pretende que a referida prática seja considerada "imprescindível a uma vida humana digna". Deve-se reconhecer, porém, que a redução de graves riscos e de severos danos seja imprescindível à vida humana. A vinculação de riscos à dignidade, porém, é polêmica. A matéria pacífica, no caso a redução de risco e dano, está associada à vida e à valoração desta última, condicionada, porém, à efetividade e à eficácia da medida de proteção, bem como à amplitude da espécie de proteção e da parcela da população protegida, ao lado da hipossuficiência dos grupos alternativamente contemplados pelas políticas públicas concorrentes.

---

34. Marcelo Novelino, *Direito Constitucional*, p. 375, anteriormente citado.

Assim o é porque a proteção da vida, inobstante seja indiscutivelmente um mínimo existencial, é comum a numerosas demandas. Isso repõe a discussão das prioridades entre as numerosas demandas que concorrem pelos recursos do erário, todas ligadas à preservação da vida, da qualidade de vida e da dignidade humana. Por isso, *mínimo existencial* cede lugar à *reserva do possível*. A definição de critérios para a escolha entre políticas públicas distintas, lançando mão de meios diferentes e elegendo entre numerosos grupos sociais aquele a ser prioritariamente protegido, substitui o mínimo existencial, nas considerações técnicas e políticas, pelo imperativo da reserva do possível.

4.2.3.4 A reserva do possível

A *reserva do possível* refere-se ao aspecto fático dos direitos sociais, considerando que

> (...) a limitação e a escassez dos recursos materiais disponíveis para o atendimento das infindáveis demandas sociais condicionam a realização das prestações *[positivas]* impostas pelos direitos sociais à existência e à disponibilidade de recursos susceptíveis de serem mobilizados pelos Poderes Públicos para o cumprimento das prestações *[positivas]*. (...) a onerosidade da implantação dos direitos sociais acaba por condicionar o seu processo de concretização às possibilidades financeiras e orçamentárias do Estado (...).[35]

A respeito, pode-se dizer, ainda, que, "neste, como em muitos outros domínios, enganam-se os que acreditam – juristas e filósofos – que é possível fazerem-se coisas com palavras".[36] A aparente antinomia, agora, é, de um lado, o direito de todos à saúde, amparado no dever do Estado, reforçado pelo princípio do *mínimo existencial*; do outro lado, a reserva do possível, indutora da discussão sobre a definição de prioridades em políticas de saúde, escudada, ainda, no mar de prioridades decorrentes das condições de vida peculiares às condições sociais e econômicas do Brasil.

Discute-se a possibilidade de um dispositivo constitucional ser mitigado ou até afastado, debatendo-se os fundamentos dos direitos sociais que embasam as prioridades das políticas de saúde, como de resto, das políticas sociais em geral.

35. Marcelo Novelino, *Direito Constitucional*, cit., p. 374.
36. Gilmar F. Mendes, Inocêncio M. Coelho, Paulo G. G. Branco, *Curso de Direito Constitucional*, cit., p. 713.

4.2.3.5 Os fundamentos dos direitos sociais

As concepções filosóficas sobre as quais se fundam as doutrinas jurídicas influenciam fortemente as cogitações pertinentes ao direito à saúde, integrante dos direitos sociais e dos direitos fundamentais. Estes podem ser definidos conforme Gilmar Ferreira Mendes, que, parafraseando o constitucionalista lusitano Jorge Miranda, assim os descreve:

> (...) para os jusnaturalistas, os direitos do homem são imperativos do direito natural, anteriores e superiores à vontade do Estado. Já para os positivistas, os direitos do homem são faculdades outorgadas pela lei e reguladas por ela. Para os idealistas, os direitos humanos são ideias, princípios abstratos que a realidade vai acolhendo ao longo do tempo, ao passo que, para os realistas, seriam o resultado direto de lutas sociais e políticas.[37]

A concepção idealista, mais do que as outras, abriga princípios abstratos para os quais a vida e a saúde são colocadas, incondicionalmente, no topo dos valores ponderados pelo legislador, no exercício da função legiferante. Os limites fáticos inerentes às prestações positivas, nos termos da reserva do possível, integram o exame das decisões políticas do Executivo, do legislador ordinário e do Judiciário, o que, aliás, não deveria ser diferente, por mais analítica[38] e mais preocupada com o social que seja a nossa Constituição. As tradições jurídico-políticas reconhecem o direito à vida e à saúde, promovendo-o à condição de matéria incontroversa. O idealismo, porém, oferece alguma possibilidade à fundamentação da política de saúde em discussão, abrigando o argumento contrário à reserva do possível em favor da perspectiva ideal. A reserva do possível apresenta mais afinidade com as doutrinas do realismo político, marcadas pelo antropocentrismo. O jusnaturalismo certamente faculta argumentos pró e contra a política em foco. Atender a uma ou a outra demanda concorrente encontra abrigo no jusnaturalismo. O próprio idealismo certamente não é avesso ao atendimento das demandas concorrentes à política de redução de riscos e dano no curso das práticas de drogadição pela via endovenosa.

---

37. Gilmar F. Mendes, Inocêncio M. Coelho, Paulo G. G. Branco, *Curso de Direito Constitucional*, 2ª ed., São Paulo, Saraiva, 2008, p. 235.

38. Por analíticas denominam-se aquelas constituições que se apresentam "amplas, detalhistas, minuciosas e pleonásticas, pois os seus artigos, desdobrados em incisos e alíneas, ordenam-se de modo reiterado em várias partes do texto. Exemplo: cartas (...) da Iugoslávia de 1974, esta com 406 artigos" (Uadi Lamnêgo Bulos, *Curso de Direito Constitucional*, 3ª ed., São Paulo, Saraiva, 2009, p. 43).

Abrigados pelas mais diversas tradições doutrinárias e pelo direito constitucional positivo; beneficiados pela legitimidade política, porque consagrados nas urnas pelo processo eleitoral, o direito à vida e à saúde apresentam a rara condição de matéria pacífica em Direito, como dito. Ressalte-se que a *legitimidade política* pode ter caráter originário,[39] ao contrário da legitimidade jurídica, que é fundamentalmente derivada das *decisões legislativas*.

A existência de direitos absolutos, porém, é contestada, conforme Bobbio.[40] Assim, a discussão desloca a análise da polêmica iniciativa de redução de riscos e danos dos usuários de drogas injetáveis para o exame das possibilidades, dos limites ou do alcance dos direitos sociais, bem como dos seus respectivos fundamentos.

O constituinte originário, ao decidir, no art. 196, na seção II, "Da saúde"; do título VIII, "Da ordem social", da CF/1988, que a saúde é "direito de todos e dever do Estado (...)", parece ter buscado exprimir o próprio espírito do princípio do *mínimo existencial*, que é outro conceito indeterminado. Os conceitos indeterminados suscitam o problema do alcance e do significado do seu uso, mormente quando se verifique colisão entre princípios de igual hierarquia, circunstância em que se há de querer mitigar um deles. Este é o campo, por excelência, da hermenêutica constitucional. Será possível ou desejável que princípios constitucionais estejam "flexibilizados"?

Afastando toda dúvida relativa à legitimidade da atitude que pondera e limita o alcance de normas constitucionais assim relativizadas, Norberto Bobbio assim se expressa:

> Da finalidade visada pela busca do fundamento *[dos direitos]*, nasce a ilusão do fundamento absoluto, ou seja, a ilusão de que – de tanto

---

39. Legitimidade originária, aqui referida, é entendida como aquela do poder escudado em outorga concedida diretamente pelo titular de todo o direito e de todo poder, que é o povo, o legítimo soberano. Distingue-se da legitimidade derivada, concedida por mandatário, que assim transfere a outorga recebida do soberano para outrem. É o caso dos chefes de Executivo, que eleitos legitimamente, tornam-se detentores de legitimidade originária, com base na qual nomeiam ministros ou secretários. Estes, ao receberem a nomeação, não do soberano, mas do mandatário, adquirem legitimidade para o exercício da função para a qual foram nomeados. Esta é a legitimidade derivada ou secundária. A legitimidade das decisões do Judiciário também é derivada, porque concedida pelo parlamento, que é mandatário do poder popular, já que raramente as leis resultam de consultas populares diretas sobre os seus conteúdos, e o operador do Direito é apenas um técnico.
40. Norberto Bobbio, *A Era dos Direitos*, cit.

acumular e elaborar razões e argumentos – terminaremos por encontrar a razão e o argumento irresistível, ao qual ninguém poderá recusar a própria adesão. O fundamento absoluto é o fundamento irresistível no mundo das nossas ideias, do mesmo modo como o poder absoluto é o poder (que se pense em Hobbes) no mundo de nossas ações. (...) Essa ilusão já não é possível hoje; toda busca do fundamento absoluto é, por sua vez, infundada.[41]

Bobbio apresenta em seguida quatro razões pelas quais a busca do fundamento absoluto é vã:

A primeira delas é a vagueza da expressão "direitos humanos", e a maioria das tentativas de defini-la resulta em tautologias, nas quais se afirma que "direitos do homem são aqueles que cabem ao homem enquanto homem", ou sobre o *status* "proposto ou desejado para tais direitos".

O segundo argumento do pensador peninsular refere-se à natureza variável dos direitos do homem. Direitos considerados invioláveis, no século XVIII, como a propriedade, tornaram-se, contemporaneamente, objeto de limitações. Direitos que no século XVIII não integravam sequer as cogitações dos pensadores, como é o caso dos direitos sociais, são agora objeto de grande consideração, arrolados como inerentes à condição humana.[42] A absolutidade há que ser perene, porque incondicionada, não se subordinando ao tempo. A variabilidade no tempo afasta o caráter absoluto.

> Entendeu-se por *absolutum*, no vocabulário filosófico latino, "o que é por si mesmo". "O absoluto" ou "o Absoluto" – substantivações de "o ser absoluto" – foi identificado com "o separado ou desligado de qualquer outra coisa" (*ab alio solutum*); portanto, com "o independente", "o incondicionado'. A expressão "o absoluto" foi frequentemente oposta às expressões "o dependente", "o condicionado", "o relativo".[43]

O terceiro motivo apresentado pelo jus-filósofo italiano citado, para afastar a absolutidade dos direitos do homem, é a heterogeneidade que se observa entre eles. A diversidade, inclusive da eficácia normativa, afasta a possibilidade de um mesmo fundamento. Alguns casos, como o do direito a não ser escravizado, não admitem limitações. Outros direitos, entre os quais Norberto Bobbio inclui a vedação à censura, há que ser

---

41. Norberto Bobbio, *A Era dos Direitos*, cit., pp. 16-17.
42. Idem, ibidem, pp. 18-19.
43. J. Ferrater Mora, *Dicionário de Filosofia*, t. I, São Paulo, Loyola, 2000, p. 19.

ponderado em face de outros direitos, no caso do público, que não queira ser escandalizado.

O quarto argumento, sempre segundo Bobbio, é a dualidade da natureza dos direitos do homem, divididos entre direitos que consistem em liberdades, e os de outra índole, que representam poderes. "São antinômicos no sentido de que o desenvolvimento deles não pode proceder paralelamente: a realização integral de uns impede a realização integral dos outros".[44]

Fica demonstrado que não implica inconstitucionalidade a possível preterição de princípio constitucional, seja quando em face da colisão de princípios, seja por imperativo da *reserva do possível*. Cumpre ao pesquisador examinar as prioridades no contexto das necessidades.

4.2.3.6 As peculiaridades do Brasil e a legitimidade das escolhas

O *princípio da solidariedade*, positivado na CF/1988,[45] ampara o hipossuficiente. Será que isso prevalece incondicionalmente?

As condições sociais, econômicas e culturais em que se realizam as políticas públicas, quando ponderadas para fins de mediação entre princípios em colisão, devem considerar os *indicadores vitais*, assim como aqueles de natureza *social* e *econômica*. Inspiradas, em geral, nas políticas públicas da Europa ocidental, a proposição de ações de saúde deve proceder à análise das condições específicas da sociedade e do Estado brasileiro, seja quando se considere a *reserva do possível* em confronto com o *mínimo existencial*, seja quando este se manifeste como *dever ser*, seja quando se afirme como *imperativo do jusnaturalismo* ou do *idealismo ético-filosófico* ou ainda como *formalismo jurídico-normativo*.

O significado das políticas públicas para um Estado e uma sociedade ricos e para um Estado e uma sociedade pobres apresenta peculiaridades distintas. Temos no Brasil um Estado e uma sociedade cujos perfis mais se assemelham ao dos últimos do que ao dos primeiros. E estas considerações devem ser ponderadas por quem queira sopesar prioridades em matéria de ações de saúde.

Ressalte-se, apenas exemplificativamente, quando se queira discutir prioridades em políticas públicas na área de saúde, a existência de um

---

44. Norberto Bobbio, *A Era dos Direitos*, cit., p. 21.
45. CF/1988, art. 3º: "Constituem objetivos fundamentais da República Federativa do Brasil: I – construir uma sociedade livre, justa e solidária (...)".

enorme déficit de leitos em UTI,[46] a insuficiência de cobertura do PSF,[47] principalmente nas grandes e médias cidades, a falta de fita para medição da glicemia capilar,[48] nas ações de controle de *diabetis melitus*, ao lado de numerosas outras carências cujo atendimento é prioritário. Mas o PSF cobre apenas 44,6% da população brasileira.[49] A carência deste tipo de leito ensejou debates sobre a necessidade de se estabelecerem diretrizes para admissão de pacientes nas unidades de terapia intensiva, em face das dramáticas escolhas, pelos profissionais, dos pacientes que deverão morrer ou viver, por insuficiência de leitos para todos.[50] UTI é serviço essencial e prioritário. Tais prioridades são exemplos de necessidades agudas que concorrem com o programa de redução de risco e dano, voltado para usuários de drogas que causam dependência química. O caráter finito dos recursos, ainda que não fossem considerados escassos, induz, pela via das prioridades, ao exame da *reserva do possível*, da indiferenciação entre pacientes e da mitigação do princípio constitucional segundo o qual a saúde é um direito de todos e um dever do Estado, vale repetir.

A prioridade entre políticas públicas destinadas ao atendimento entre pacientes, no âmbito das políticas de saúde, na perspectiva dos princípios da razoabilidade e da proporcionalidade, bem como do princípio constitucional da eficiência[51] das suas ações, deve contemplar critérios bem definidos, com a identificação dos riscos mais comuns, isto é, mais incidentes e prevalentes sobre a população ou sobre grupos populacionais prioritários. São assim considerados os grupos susceptíveis a riscos involuntários, graves e comuns, para os quais existam meios eficazes de prevenção, limitação e recuperação do dano. A partir do estabelecimento

46. Unidades de Terapia Intensiva. Destinam-se ao tratamento de pacientes graves.
47. Programa de Saúde da Família, que abrange toda a atenção básica de saúde, inteiramente confiada aos municípios.
48. A glicemia capilar é um exame instantâneo, destinado a medir a concentração de açúcar no sangue, feito por meio da simples coleta de uma gota de sangue da ponta do dedo do paciente. É um exame de largo emprego no programa de controle da *diabetis melitus*, do interesse de uma parcela significativa da população, que superlota o respectivo setor das unidades de atendimento. E esta população não buscou voluntariamente a vulnerabilidade de que é portadora.
49. DataSUS, 2009.
50. Um interessante artigo sobre essa matéria é: *www.uff.br/pgsz/textos/pgs2-textossim-critérios-utiescolha-de-sofiadoc* (acesso em 4.6.2009).
51. CF/1988, art. 37: "A administração pública direta e indireta de qualquer dos Poderes da União, dos Estados, do Distrito Federal e dos Municípios obedecerá aos princípios de legalidade, impessoalidade, moralidade, publicidade e *eficiência* e, também, ao seguinte: (...)".

do pacto pela vida (MS, 2006), as ações prioritárias no campo da saúde estão voltadas ao idoso – implementando a Política Nacional de Saúde da pessoa idosa; prevenção e controle do câncer de colo de útero e de mama; redução da mortalidade materno-infantil; controle das doenças endêmicas, especialmente dengue, hanseníase, tuberculose, malária e influenza; e ações de promoção da saúde, centrando as ações na formação de hábitos de vida saudáveis.[52]

A parte polêmica, aqui considerada, das políticas de saúde é a que assiste aos usuários de drogas, fornecendo-lhes seringas, garrotes e outros apetrechos para a prática da drogadição em condições de menor risco e dano. A parcela da população protegida pelo programa em discussão poderá representar uma morbidade caracterizada pela alta incidência, comparativamente a outros agravos. Tal incidência poderá contribuir, ao lado de outros fatores, para a formulação de um juízo favorável acerca da prioridade dada ao respectivo programa, que precisará escudar-se na alegação da elevada incidência, comparada à de outros agravos, se – e somente se – for confirmada a elevada incidência comparada da prática cujo risco se quer reduzir, na sociedade brasileira.

A frequência do uso de drogas lícitas e ilícitas na população brasileira, incluindo-se o tabagismo, o alcoolismo, ao lado de toda uma gama de drogas ilícitas consumidas pelas diferentes vias de administração, como é público e notório, é elevada ou elevadíssima. Cuida-se, todavia, na política em comento, exclusivamente das drogas que causam dependência química e que sejam administradas pela via endovenosa. O grau de incidência de tal prática não foi apresentado no documento ministerial que anunciou a dita política de redução de dano e risco, deixando essa lacuna no lugar da informação sobre a incidência e a prevalência do citado agravo.

Outra consideração diz respeito à redutibilidade do agravo ou redução do dano. Exemplificando, temos o caso da vacina contra o sarampo, anteriormente comentado. O sarampo foi erradicado do Brasil pela vacinação em massa da população vulnerável. O fato de ser possível combater eficazmente um agravo, obtendo resultados compensadores, favorece a sua adoção como prioridade, em política de saúde, seja do ponto de vista da exigência constitucional de eficiência do serviço público, conforme citação anterior, seja do ponto de vista epidemiológico.

52. Ministério da Saúde, Portaria n. 399/GM de 22.2.2006, disponível no site: *http://dtr2001.saude.gov.br/sas/portarias/port2006/GM/GM-399.htm*. Acesso em 13.2.2008.

O combate ineficaz a um agravo, independentemente de quais sejam a sua incidência e severidade, não deve, em princípio, ter precedência sobre medidas que produzem resultados significativos, diante de prioridades concorrentes. Uma política que não contribui efetivamente para a redução significativa dos riscos e danos que se queira combater não pode ser prioridade em face de outra ameaça facilmente redutível pelo uso de meios disponíveis e massificáveis.

Outro critério pode ser o do atendimento às demandas, conforme a política formulada pelo MS, expressa no excerto anteriormente transcrito, que textualmente se refere a "o que está sendo demandado". A abordagem do problema pelo lado da demanda merece exame. Não se trata de uma referência a uma espécie de demanda objetivamente constatada, por meio de indicadores elaborados por técnicos, referida à (i) incidência e à (ii) prevalência do agravo em discussão, invocando (iii) causa comum de morbidade, (iv) mortalidade e (v) eficácia dos meios de controle ou de (vi) erradicação, além da (vii) viabilidade da massificação do seu emprego e da severidade do dano contido na ameaça.

A *demanda* não deve referir-se às iniciativas espontâneas da sociedade, na forma do alarido dos meios de comunicação, da sensibilidade das camadas sociais mais favorecidas, usuárias de drogas mais caras de uso endovenoso; formadores de opinião; ou de grupos loquazes, simpatizantes de consumidores, movidos por hedonismo e pela volúpia do desafio aos setores de moral conservadora da sociedade.

Alternativamente seria preciso que se verificasse uma procura, de iniciativa dos próprios usuários, pelos polêmicos meios de redução do dano. Será esse o caso? Não foram divulgadas informações estatísticas sobre tal procura. Não há notícia sobre tal demanda, seja no documento ministerial ou fora dele. E, ainda que exista, em escala expressiva, a referida demanda, a sua validade como fator de legitimação de uma política de saúde é muito discutível. A analogia com as plásticas embelezadoras evidencia o dissenso ínsito no argumento da livre demanda, nas circunstâncias de um serviço financiado por um público cujas condições de vida deixam muito a desejar.

Ainda em sentido contrário à referida política, as despesas com campanha estimulando o toque retal como prevenção do câncer de próstata, fundada na necessidade de esclarecer um público que desconhece a importância da prevenção aludida, não se justificariam, por não se tratar de uma demanda espontânea, se as políticas de saúde devessem adotar este critério de livre demanda. O mesmo poderia ser dito em relação ao uso de preservativos como meio de prevenção de DST[53] e HIV.[54] Tal argumento não tem prevalecido, no caso da prevenção do câncer de próstata, DST ou HIV, em que se justifica a necessidade de campanhas esclarecedoras justamente pela falta de demanda espontânea por tais formas de prevenção.

Falta razoabilidade ao argumento da livre demanda, quando se trate de políticas de saúde. Por outro lado, se não é esse o sentido, as palavras "o que está sendo demandado", contidas no trecho transcrito do documento ministerial sobre políticas de saúde, tais palavras encerram um significado obscuro.

A alusão, contida no documento em estudo às "singularidades" e "escolhas" invoca, no que tange à escolha, a ação voluntária, livre e desimpedida, por parte do usuário de drogas. É certo que nem todo usuário é dependente. A conduta destes configura uma ação voluntária, sim, mas somente quando realmente não forem dependentes. Sendo uma relação do indivíduo consigo mesmo, tal conduta não deveria ser criminalizada. Mas o sujeito que assume riscos voluntariamente poderá ver contestado o seu direito à proteção e à atenção preferencial, no jogo de prioridades, em face das necessidades de quem não escolheu se colocar em posição vulnerável.

A livre escolha de quem assim procede merece todo o respeito quando se trate de expressão vontade livre de um *sujeito capaz*. Tal condição exclui a parcela dos *usuários quimicamente dependentes*. Ainda assim, a *respeitável escolha* não deve gozar do benefício a que o direito penal denomina "relevante valor social ou moral".[55]

53. Doenças sexualmente transmissíveis.
54. Vírus da imunodeficiência adquirida.
55. O Código Penal brasileiro (CP), art. 65, caput, preceitua: "São circunstâncias que sempre atenuam a pena: (...) III – ter o agente: (a) cometido o crime por motivo de relevante valor social ou moral". *Não se trata de incriminar a conduta de pacientes*, que não devem ser julgados por profissionais de saúde nem pelas políticas de saúde, mas sublinhar, na discussão das prioridades, a valoração comparada das opções existenciais para as quais se reivindica *prioridade orçamentária*. Nesse sentido, Júlio Fabrini Mirabete, *Manual de Direito Penal*, 14ª ed., São Paulo, Atlas, 1998, pp. 301-302, assim leciona: "Configura-se também uma atenuante no crime cometido por motivo de relevante valor social ou moral (art. 65, III, 'a'). Dá-se tratamento benéfico a condutas que, apesar de ilícitas, estão ligadas a um sentimento que *não é* antissocial por se referirem à honra ou à liberdade individual (caráter moral), ou à pátria, à comunidade e a outros bens jurídicos socialmente relevantes (caráter social). *Ex vi*, a lei e a doutrina conferem relevo à valoração de caráter social e moral, não à busca hedonista do prazer.

O controle do *diabetis melitus*, assim como, de um modo geral, as ações básicas de saúde, desenvolvidas pelo PSF, apresentam resultados animadores quando implementados com regularidade. Aí a circunstância é típica do que o Direito define como relevante valor social. É preciso que a redução do dano, junto aos usuários de drogas, apresente eficácia favorável, quando comparada àquelas dos dois programas aludidos. Também é preciso que o segmento da população atingido pelo agravo seja tão amplo quanto as populações alcançadas pelos programas de controle de *diabetis melitus* e pelo PSF, necessitados, por quaisquer motivos, de atendimento em UTI e de saneamento, para que possa constituir-se em política de saúde prioritária no Brasil, com fundamento na analogia com aquilo que o Direito Penal designa como "relevante valor social".

Já o "relevante valor moral", nos termos da lição de Mirabeti,[56] para ser aqui invocado, precisaria que estivessem em jogo a honra e a liberdade individual. A honra não é pertinente à política de saúde em comento. No que concerne, porém, à liberdade, ficam afastados os consumidores compulsivos, porque quimicamente dependentes e relativamente incapazes. O argumento da limitação da eficácia normativa[57] do direito constitucional positivo encontra fundamento nos aspectos fáticos susoreferidos, opondo-se ao argumento da indiferenciação entre pacientes, em nome da igualdade formal; opondo-se igualmente ao argumento da universalidade do direito à saúde. Tal limitação, como dito, se funda na

56. Opúsculo anteriormente citado.

57. A eficácia das normas constitucionais é a sua aplicabilidade. "Aplicável, pois, é o preceito da Carta Maior capaz de produzir efeitos jurídicos. (...) Para a aplicabilidade constitucional realizar-se, é preciso que as normas de uma constituição, além de vigentes e válidas, sejam juridicamente eficazes. (...) Esses efeitos variam em grau e profundidade. Possuem eficácia de vinculação aqueles preceitos que incluam o legislador, compelindo-o a regulamentá-lo. (...) Apresentam eficácia de aplicação os dispositivos prontos para serem aplicados. (...)" (Uadi Lammêgo Bulos, *Curso de Direito Constitucional*, cit., pp. 359-360). A lição de Bulos sublinha o fato de que a *eficácia das normas constitucionais*, como de toda norma, é problemática. Existem normas constitucionais de *eficácia plena*. Outro constitucionalista acrescenta, classificando as normas constitucionais: "*[Há] aquelas de aplicabilidade imediata, direta, integral independendo de legislação posterior para a sua inteira operatividade. (...) [Existem] normas constitucionais de eficácia contida*: são aquelas que têm aplicabilidade imediata, integral, plena, mas *que podem ter reduzido o seu alcance pela atividade [superveniente] do legislador infraconstitucional. (...) [existem, ainda] normas constitucionais de eficácia limitada*: são aquelas *que dependem 'da emissão de uma normatividade futura*, em que o legislador ordinário, integrando-lhes a eficácia, mediante lei ordinária, lhes dê capacidade de execução em termos de regulamentação daqueles interesses visitados'" (Michel Temer, *Elementos de Direito Constitucional*, cit., pp. 26-27).

reserva do possível, no princípio da eficiência dos serviços públicos, na relatividade das normas constitucionais quando em colisão com normas do mesmo *status,* além da natureza programática da norma constitucional que garante saúde para todos.

4.2.3.7 Cidadania, direito, ética e política de saúde

A fragilidade do hipossuficiente não deve ser confundida com incapacidade civil.[58] O sujeito fragilizado por uma prática voluntária de alto risco não deve ser confundido com um incapaz. Assim sendo, deverá tal sujeito ser responsável pelos seus atos, salvo quando dependente, situação pode ser relativamente inimputável. Quando, porém, o dano causado o torne incapaz, pela dependência química, não se poderá invocar "o respeito às escolhas" ou às "demandas espontâneas" para com isso lhe conferir prioridade em face de outras demandas sociais, para fins de aplicação de recursos escassos. A proteção do Estado não deve considerar, para fins de políticas de saúde, se os riscos e danos sofridos pelas pessoas resultam ou não de negócio jurídico válido,[59] porque a prestação de serviços de saúde é, em princípio, incondicionada. Até o soldado inimigo, na guerra, tem o direito de ser socorrido. Reciprocamente, a falta de licitude do objeto não deve conferir prioridade, para que não se estabeleça uma hierarquia entre os cidadãos, com vantagem para quem atravesse a fronteira da transgressão. Isto é, se a conduta reprovável não afasta o direito à saúde, por outro lado não confere prioridade.

O *princípio da dignidade da pessoa natural,* adjetivada na CF/1988 como "humana", e o *mínimo existencial* devem ser respeitados, assim como a proteção à pessoa do hipossuficiente, ou em alguma condição desvantajosa, em nome da dignidade da pessoa.[60] Quem voluntária e habitualmente, porém, atrai sobre si desvantagem, relativiza o direito a tal proteção. Por isso aqueles que praticam automutilação perdem o direito ao seguro quando tenham segurado o órgão mutilado.

58. A capacidade civil, descrita no Código Civil vigente, é posta nos seguintes termos: "Toda pessoa é capaz de direitos e deveres na ordem civil". CC/2002, art. 1º).
59. Código Civil, de 2002 (CC/2002), art. 104, *caput*: "A validade do negócio jurídico requer: (I) agente capaz; (II) objeto lícito, possível, determinado ou determinável; (III) forma prescrita ou não defesa em lei".
60. CF/1988, art. 1º: "A República Federativa do Brasil, formada pela união indissolúvel dos Estados e Municípios e do Distrito Federal, constitui-se em Estado Democrático de Direito e tem como fundamentos (...) III – a *dignidade* da pessoa humana; (...)". As pessoas, em Direito, podem ser naturais, também chamadas físicas, ou jurídicas. Este estudo preservou a distinção clássica.

Assim mitigado, fica evidente que a dignidade da pessoa, quando invocada pela política em foco, deixa de ser um argumento irrefutável, perdendo muito de seu valor em face da presente discussão. Não obstante a dignidade da pessoa natural e a vida exigirem proteção relativamente incondicional, o que se discute aqui é a *prioridade* em face de outras necessidades da sociedade no campo da saúde, que nas condições do Brasil estão longe de ser atendidas.

Quando a citada proteção inclua ou consista em oferecer condições de menor risco para a prática reiterada do consumo de drogas, surgem ainda os seguintes debates:

A política em discussão expressa respeito à *autonomia* do sujeito, numa atitude de *tolerância*. Examine-se, todavia, outra hipótese: seria indiferença e abandono, preocupando-se os formuladores da política de saúde em discussão unicamente em quebrar a cadeia de transmissão de certas doenças veiculadas pelo sangue,[61] visando a melhorar estatísticas governamentais no setor específico em que trabalham?

Não existe *autonomia* na dependência química. Se não há autonomia, não há que se falar em respeito ao que não existe. A *tolerância* invocada passa a configurar uma forma discreta de indiferença. Tratando-se de respeito às singularidades de cada pessoa, recorde-se que não há singularidade a ser respeitada na *dependência química*. Assim como não se respeita a singularidade de um suicida, impedindo-o – se necessário, pela força – de consumar o seu desiderato.

Tratando-se de vidas humanas, não há um objetivo único a ser alcançado e não se pode fazer tudo, nos termos da *reserva do possível*. Por outro lado, a aceitação passiva e indiferente de *práticas aviltantes* poderá ferir o *princípio do mínimo existencial*. Em outras palavras, o *vício assistido* poderá ser visto como incompatível com o *mínimo existencial*, com a dignidade da pessoa e com o dever constitucional de solidariedade. A tolerância com o uso de drogas seria uma decorrência da reserva do possível, da tolerância democrática e da solidariedade? As respostas não poderão ser consensuais. Trata-se de matéria polêmica.

A *reserva do possível*, invocada diante das dificuldades do combate às drogas, na cultura hedonista da sociedade contemporânea, para

---

61. São classificadas como veiculadas pelo sangue aquelas doenças cujo agente etiológico se mostra demasiado perecível nas condições ambientais, fato que, somado a outras particularidades, exige, para a sua transmissão, contaminação direta pelo sangue ou derivados do sangue do portador. São exemplos sempre lembrados desta classe de enfermidades, quando se fala em usuários de drogas injetáveis, algumas formas de hepatite e o HIV.

justificar o conformismo com a drogadição, é compreensível. Mas não se apresente isso senão como impotência. Esta não se confunde com tolerância. Ademais, o ato de adicionar substâncias químicas ao próprio corpo é uma relação do indivíduo com ele mesmo, como dito. E *o Direito limita-se a regular as relações entre sujeitos, não a conduta do indivíduo para consigo mesmo*. Afinal,

> (...) não há sociedade sem direito: *ubi societas ibi jus*. Mesmo os autores que sustentam ter o homem vivido uma fase evolutiva pré-jurídica formam ao lado dos demais para, sem divergência, reconhecerem que *ubi jus ibi societas*. Só não haveria lugar para o direito na imaginária hipótese de um ermitão vivendo em local deserto, sem convívio com ninguém e sem a subordinação a um Estado soberano, como no caso do legendário *Robinson Crusoé*, antes da chegada do índio Sexta-feira à sua ilha isolada do mundo.[62]

Por tudo isso, a descriminalização do uso de drogas seria compreensível e até desejável, porque a ineficácia social da lei produz efeitos indesejáveis, entre os quais a corrupção do aparato de segurança do Estado e a desmoralização da lei. Mas descriminalização não se confunde com a cooperação oferecida pelo Estado a tal prática. Isto é: seria a política de redução de danos uma ajuda ou facilitação do Estado ao consumo? Se o Estado proíbe a venda, o armazenamento, a produção, o transporte, a posse e muitas outras condutas tipificadas por dezenove verbos,[63] a hipótese de a política de redução de risco e dano incorrer na contramão da repressão às drogas não é de todo absurda. Ainda que tal conduta não caracterize sequer a condição de partícipe, do ponto de vista da estrita literalidade da lei, certamente teria sido oportuno uma discussão mais ampla da ética de tal procedimento, quando se considera que numerosíssimos brasileiros são apenados severamente, todos os dias, como partícipes ou autores do tráfico ilícito, por algum dos 19 verbos da Lei 11.343/2006.

62. A. C. de A. Cintra, A. P. Grinover e C. R. Dinamarco, *Teoria Geral do Processo*, 31ª ed., São Paulo, Malheiros Editores, 2015, p. 37.
63. A Lei 11.343/2006, que "Institui o Sistema Nacional de Políticas Públicas sobre Drogas-Sisnad; prescreve medidas para prevenção do uso indevido, atenção e reinserção social de usuários e dependentes de drogas; estabelece normas para repressão à produção não autorizada e ao tráfico ilícito de drogas; define crimes e dá outras providências, tem na sua descrição penal típica 19 verbos: "Art. 31. É indispensável a licença prévia da autoridade competente para produzir, extrair, fabricar, transformar, preparar, possuir, manter em depósito, importar, exportar, reexportar, remeter, transportar, expor, oferecer, vender, comprar, trocar, ceder ou adquirir, para qualquer fim, drogas ou matéria-prima destinada à sua preparação, observadas as demais exigências legais".

A discussão sobre a política de saúde em exame se desdobra nas seguintes constatações:

(I) A reserva do possível se coloca diante do atendimento a uma forma de fragilidade ou vulnerabilidade quando haja competição entre demandas de grupos igualmente frágeis e vulneráveis.

(II) A iniciativa de redução de riscos e danos pelo uso de seringas para fins de uso de drogas ilícitas que causam dependência não se beneficia da analogia com o direito criminal, no que concernente ao "relevante valor moral ou social", do ponto de vista comparado com outras demandas por serviços de saúde. Mas se houver valor social e moral a ser considerado, certamente será favorável aos grupos majoritários.

(III) O consumo de drogas que originam dependência química não faz parte do mínimo existencial, embora a preservação do bem-estar dos seus usuários integre o citado mínimo. Os meios empregados para a dita preservação da vida e do bem-estar, todavia, constituem matéria assaz polêmica, seja do ponto de vista da prioridade, seja na perspectiva da eficiência do meio empregado.

(IV) Cabe indagar e discutir, ainda, se esta política de redução de danos é prioritária em face de outras demandas. Para isso, deveria dirigir-se a grupos prioritários, atender ao enfrentamento de causa comum de morbidade e ou de mortalidade e mostrar eficiência no mister de limitar os riscos e danos.

(V) Se a redução de risco e danos dirigida aos drogaditos deve ou pode beneficiar toda a sociedade, por via indireta, o que ampliaria o seu alcance social. Mas isso precisaria correr em proporção comparável às políticas de saúde que com ela concorrem na luta pelas prioridades, equiparando-se aos benefícios diretos e indiretos das políticas concorrentes, o que não se conclui do exposto.

(VI) A política de saúde em face do uso de drogas que causam dependência química dirige-se, ou pode dirigir-se, tanto ao público menor e incapaz, juridicamente, como aos cidadãos maiores e capazes. Só os sujeitos capazes, o que vale dizer, maiores e não dependentes poderão ser incluídos no polêmico argumento do atendimento da livre demanda, o que restringe grandemente a parcela da população à qual se destina a política de saúde em exame. Os sujeitos menores e ou incapazes representam um desafio à legalidade do conformismo diante do consumo por parte deles.

(VII) O dano à saúde, decorrente do uso das drogas aludidas, tanto pela (elevada ou baixa?) incidência como pela prevalência, uma e outra vinculadas ao seu consumo, deveriam justificar a prioridade dada ao problema. Para isso seria preciso que a incidência e a prevalência fossem maiores, ou pelo menos iguais àquelas que se verificam relativamente a outros agravos de grande interesse social. Pelo que foi exposto isso não está demonstrado.

(VIII) A condição de voluntária ou involuntariamente adquirida, no caso da fragilidade em comento, é pertinente e relevante para a definição de políticas públicas? Parece que sim, tomando-se a analogia da automutilação voluntária, que implica perda do direito ao seguro. Duas respostas, porém, podem ser plausíveis, em cada uma dessas indagações: sim e não.

A resposta que afasta a fragilidade ou desvantagem voluntariamente adquirida das prioridades em políticas de saúde reconhece como prioridade a proteção aos grupos involuntariamente vulneráveis ou acometidos por agravos ou situações de risco, que acumulam com a vulnerabilidade a condição de grupos majoritários. A resposta que reconhece a legitimidade da prioridade para a proteção adicional aos usuários de drogas injetáveis, que assim atraem voluntariamente para si riscos e danos adicionais, coonesta o desvio de recursos escassos do PSF, do Programa de *diabetys melitus*, das unidades de terapia intensiva e de tantos outros programas de saúde para a proteção a este grupo específico.

4.3 Algumas conclusões

Um exame, ainda que aligeirado, da formulação das políticas públicas, pode ajudar a compreender a colisão de princípios constitucionais. Assim, considerando os aspectos analisados, pode-se afirmar:

1) A política de saúde aqui discutida enfrenta o problema da colisão de princípios, na sua fundamentação jurídico-filosófica, inclusive entre princípios positivados constitucionalmente.

2) O direito dos usuários de drogas injetáveis à proteção do Estado é indiscutível, pois não se admite que se julgue um paciente antes de atendê-lo, discriminando entre pacientes, mas a sua prioridade e a forma como tal proteção deverá ser efetivada são perfeitamente discutíveis.

3) A colisão entre princípios constitucionais, presente neste estudo, requer a consideração de aspectos de hermenêutica constitucional, como a ponderação da prevalência entre princípios colidentes, considerando a razoabilidade, a legitimidade política da decisão, a existência de direitos absolutos, entre outras formas de arrazoado pelos quais a política do MS em comento pode ser contestada.

4) A saúde como um "direito de todos e dever do Estado", ao lado do princípio constitucional da solidariedade e da dignidade humana, não são absolutos, porque estão condicionados à reserva do possível, presente na avaliação do contexto econômico e social da sociedade e do Estado brasileiros, além de admitirem a ponderação entre valores e princípios em colisão. Isto é: não se trata de normas de eficácia plena, porque admitem restrição superveniente, seja pelo legislador ordinário, seja pela autoridade administrativa ou judicial, quando da apreciação da colisão entre eles.

5) O *justo* é conceito indeterminado, cuja apreciação, no caso concreto, admite a ponderação de considerações técnicas como jurídico--políticas.

6) O *interesse geral* deve prevalecer na consideração de prioridades, quando da formulação de políticas públicas. E não é evidente que o interesse corrobore a política em apreciação.

7) A proteção de grupos vulneráveis é dever do Estado e da sociedade. A eleição, entre eles, de grupos prioritários é um imperativo técnico, ético, filosófico, jurídico e político. A discussão sobre a prioridade para a assistência aos usuários de drogas ou a outros grupos vulneráveis é um imperativo de ordem técnica e ética, assim como da legitimidade política da decisão sobre o problema.

8) O critério das demandas sociais convida ao exame de demandas concorrentes. A reserva do possível, somada a este critério, indica necessidade de eleição de prioridades, mormente no contexto da realidade brasileira, marcado pela permanente escassez de recursos. Assim, o ato de preterir algumas demandas é, sob todos os aspectos, legítimo.

9) O *princípio do mínimo existencial* pode ser invocado pelos dois lados da discussão. Afinal, se o usuário tem direito à redução dos riscos que escolheu arrostar, inclusive com *gastos em políticas de eficácia duvidosa,* os portadores de outras fragilidades, que lhe são acometidas involuntariamente, podem, igualmente, invocar para si o mesmo princípio. Registre-se, ainda, que o *mínimo existencial* é conceito indeterminado. Não há fundamento claro e indiscutível para a tese de que fazer uso de drogas injetáveis, com o mínimo de riscos possível, faz parte do "mínimo existencial".

10) A duração dos efeitos de um programa de proteção a grupos vulneráveis, a eficácia e a efetividade de tal proteção, a amplitude da parcela da população protegida pelo dito programa, os grupos populacionais assim protegidos, a relação entre os custos e o benefício da política de saúde adotada, tudo isso deve ser considerado na formulação de políticas

públicas. O fornecimento de seringas aos usuários de drogas injetáveis não deve ser exceção. Acrescente-se que, em face destas considerações, não fica claro que a política em discussão seja defensável, parecendo antes insustentável, sob quaisquer aspectos.

4.4 Referências

ACQUAVIVA, Marcus Cláudio. *Dicionário Jurídico Brasileiro Acquaviva*. 11ª ed. São Paulo: Editora Jurídica Brasileira, 2000.

ATLAS NATIONAL GEOGRAFHIC: Brasil, vol. 2. São Paulo: Editora Abril, 2008.

BOBBIO, Norberto. *A Era dos Direitos*. Rio de Janeiro: Campus, 1992.

BRASIL, Ministério da Saúde. *A política do Ministério da Saúde para a atenção integral a usuários de álcool e outras drogas*. Brasília: Ministério da Saúde, 2003.

BRASIL. DataSUS. Dados de atenção básica. Disponível em *www.dtr2007. saúde.gov.br/dab.abnumeros.php*. Acesso 4.6.2009.

BULOS, Uadi Lamnêgo. *Curso de Direito Constitucional*. 3ª ed. São Paulo: Saraiva, 2009.

CINTRA, A. C. DE A.; GRINOVER, A. P.; e DINAMARCO, C. R. *Teoria Geral do Processo*. 31ª ed., revista, atualizada e aumentada. São Paulo: Malheiros Editores, 2015.

COSTA, Dilvanir José da. *Curso de Hermenêutica Constitucional*. 2ª ed. Rio de Janeiro: Forense, 2005.

DIMOULIS, Dimitri (Coord.). *Dicionário Brasileiro de Direito Constitucional*. São Paulo: Saraiva, 2007.

DINIZ, Maria Helena. *Compêndio de Introdução à Ciência do Direito*. 8ª ed. São Paulo: Saraiva, 1985.

_____. *Conflito de Normas*. 3ª ed. São Paulo, Saraiva, 1998.

FERNANDES, Francisco; LUFT, Pedro Celso. *Dicionário de Sinônimos e Antônimos da Língua Portuguesa*. 27ª ed. Porto Alegre/Rio de Janeiro: Globo, 1984.

GONÇALVES, Marcus Vinícius Rios. *Tutela dos Interesses Difusos e Coletivos*. 3ª ed. São Paulo: Saraiva, 2007.

HOUAISS, Antônio; VILLAR, Mauro Salles; MELLO FRANCO, Francisco Manoel. *Dicionário Houaiss da Língua Portuguesa*. Rio de Janeiro: Objetiva, 2001.

MACHADO, Hugo de Brito. *Introdução ao Estudo do Direito*. 2ª ed. São Paulo: Atlas, 2004.

MAGALHÃES, E. C. PIRAGIBE; MAGALHÃES, C. M. PIRAGIBE. *Dicionário Jurídico Piragibe*. 9ª ed. Rio de Janeiro: Lumen Juris, 2007.

MARTINHO RODRIGUES, Rui. *O Príncipe, o Lobo e o Homem Comum (análise das ideias de Maquiavel, Hobbes e Locke)*. Fortaleza: UFC, 1997.

MENDES, Gilmar F.; COELHO, Inocêncio M.; BRANCO, Paulo G. G. *Curso de Direito Constitucional.* 2ª ed. São Paulo: Saraiva, 2008.

MIRABETE, Júlio Fabrini. *Manual de Direito Penal.* 14ª ed. São Paulo: Atlas, 1998.

MONDIN, Battista. *Introdução à Filosofia.* São Paulo: Paulus, 1980.

MORA, J. Ferrater. *Dicionário de Filosofia,* t. I. São Paulo: Loyola, 2000.

NÁUFEL, José. *Novo Dicionário Jurídico Brasileiro.* 9ª ed. Rio de Janeiro: Forense, 1998.

NOVELINO, Marcelo. *Direito Constitucional.* 2ª ed. São Paulo: Método, 2008.

POPPER, Karl Raymond. *A Miséria do Historicismo.* 2ª ed. São Paulo: Cultrix, 1993.

ROSENTHAL, C.; SCHEFLER, M. "Deve-se estabelecer diretrizes para leitos de UTI. As escolhas de Sofia". Disponível em *www.uff.br/pgs2/textos/pgs2-textos-SIM-criterios-UTI-escolha-de-sofia-doc.* Acesso em 4.6.2009.

ROUQUAYROL, M. Z. *Epidemiologia & Saúde.* 4ª ed. Rio de Janeiro: MEDSI, 1993.

SIDOU, J. M. Othon. *Dicionário Jurídico* (Academia Brasileira de Letras Jurídicas). 3ª ed. Rio de Janeiro: Forense Universitária, 1995.

SILVA, Benedicto (Coord.). *Dicionário de Ciências Sociais.* Rio de Janeiro: FGV, 1986.

SILVA, De Plácido e. *Vocabulário Jurídico.* 18ª ed. Rio de Janeiro: Forense, 2001.

TEMER, Michel. *Elementos de Direito Constitucional.* 24ª ed., 2ª tir. São Paulo: Malheiros Editores, 2014.

POSFÁCIO

Na abordagem do tema políticas públicas, os professores Rui Martinho, Cândido Albuquerque, Roberto Martins Rodrigues e Maria Josefina da Silva trazem importante contribuição à sociedade, justamente no momento em que o povo de todo o Brasil se manifesta nas ruas para exigir qualidade no serviço público.

A partir da compreensão das políticas públicas como "metas e meios" para a consecução de determinado resultado, os autores se debruçam sobre a questão da igualdade, do justo e da legitimidade dos meios para sua efetivação, enfatizando a necessidade de serem levados em consideração os aspectos jurídico, ético e político.

A Lei 9.504/1997 exige que cada candidato à chefia do Poder Executivo forneça aos eleitores, por ocasião do seu pedido de registro, o programa que pretende realizar caso seja eleito. Infelizmente, essa exigência não é levada muito a sério pelos candidatos e eleitores. A elaboração dessas propostas por profissionais do *marketing*, para conquista dos votos, deixa o eleito sem compromisso efetivo com a realização daquilo que foi prometido. Essa falta de consistência e de seriedade, no programa de governo, acaba por gerar um vazio, estimulando o Poder Judiciário a sair do seu papel estabilizador dos conflitos para atuar como formulador de políticas públicas. A judicialização da política recebeu, por isso, oportuna advertência dos autores a exigir especial reflexão: "O cidadão, que na modernidade passou a emitir comandos para o Estado, na forma de direitos negativos, encontra-se agora ameaçado de voltar à condição de súdito, recebendo do Estado, sem o concurso dos seus representantes, comandos que lhe impõem obrigações de não fazer e até, por via direta ou indireta, obrigações de fazer".

A formulação pelo Judiciário de normas que interferem na vida dos cidadãos, num ativismo acentuado na sociedade contemporânea, está a sugerir, inclusive, uma maior participação da cidadania na investidura dos integrantes dos órgãos judiciais colegiados, transformados em "legisladores".

Da organização social e política, na Grécia antiga, ressaltam os autores a importância dada à argumentação e ao debate, antes da tomada de decisões relacionadas com assuntos de interesse público. As manifestações de junho/2013 por todo o Brasil deixam evidente a necessidade da participação dos cidadãos naquilo que irá afetá-los, desde a formulação das propostas apresentadas pelos respectivos candidatos. Os marqueteiros – o povo na rua advertiu – não podem ser os formuladores das políticas públicas. Os eleitores precisam ter voz.

A obra provoca ainda uma interessante reflexão sobre a permanente tensão entre a satisfação dos direitos sociais e a finitude dos meios orçamentários e técnicos que levou à criação da "reserva do possível". A necessidade de esclarecimentos sobre os critérios "balizadores dos conceitos indeterminados", utilizados para reconhecimento das pretensões com base em normas programáticas, é posta em destaque para a preservação da função legislativa, sob pena de ser esta suprimida pelos operadores do direito e persistir "uma ilusão de onipotência do Estado".

Com o destemor típico de quem sobrepõe sua lucidez ao patrulhamento daqueles que se julgam detentores do monopólio da verdade, os autores questionam a adoção das quotas para matrícula no ensino superior. Denunciam o abandono das escolas públicas e a tentativa de remediar esse descaso, prestigiando os menos desafortunados entre aqueles desfavorecidos pelo ensino de má qualidade. A argumentação lançada é impactante: a elite da escola pública é favorecida quando cotejada com os seus concorrentes das melhores escolas privadas, nos termos da *eunomia* constitucional. Somente neste restrito campo de comparação, porém, a proporcionalidade invocada pelas quotas em comento pode reivindicar o *status* de boa norma, de norma justa. Quando a comparação recai sobre os estudantes que não concluíram o ensino médio, ou *o fizeram nas piores escolas públicas*, tal discriminação não favorece o segmento mais carente da sociedade, não corresponde à proporcionalidade distributiva que se invoca em seu amparo.

Outro ponto, oportunamente posto em realce, é a "ilusão bacharelesca" em transformar o Direito em "panaceia para todos os males", em atribuir-lhe a missão de solucionar os problemas sociais, independentemente das indagações de "quanto custa e quem deverá pagar".

Enfim, a obra pode ser considerada um autêntico "manifesto", exigindo a prevalência da segurança jurídica. Demonstra, em última análise, com rigor científico e de forma contundente, aquilo que o sempre atual Cesare Beccaria proclamava nos idos de 1764:

"Cada homem tem seu ponto de vista, e o mesmo homem, em épocas diferentes, pensa de modo diferente. O espírito da lei seria, então, o resultado da boa ou da má lógica de um juiz; de uma fácil ou difícil digestão; dependeria da violência de suas paixões, da fraqueza de quem sofre das relações do juiz com a vítima e de todas as mínimas forças que alteram as aparências de cada objeto no espírito indeciso do homem" (*Dos Delitos e das Penas*, 6ª ed., São Paulo, Ed. RT, p. 37).

O grito de alerta em defesa da segurança jurídica não poderia ser mais enfático.

DJALMA PINTO[1]

---

1. Professor de Direito Eleitoral, procurador da Fazenda Nacional e advogado atuante, autor de diversas obras na área do Direito.

GRÁFICA PAYM
Tel. [11] 4392-3344
paym@graficapaym.com.br